隧道生产安全事故应急预案范本

国家安全生产应急救援中心
国家隧道应急救援中铁二局昆明队
中国中铁股份有限公司　编著
中铁二局集团有限公司
中国中铁股份有限公司爆破安全技术中心

西南交通大学出版社
·成　都·

图书在版编目（ＣＩＰ）数据

隧道生产安全事故应急预案范本 / 国家安全生产应
急救援中心等编著. —成都：西南交通大学出版社，
2019.10
ISBN 978-7-5643-7215-6

Ⅰ. ①隧… Ⅱ. ①国… Ⅲ. ①隧道施工 – 安全事故 –
应急对策 – 中国 Ⅳ. ①U458

中国版本图书馆 CIP 数据核字（2019）第 255857 号

Suidao Shengchan Anquan Shigu Yingji Yu'an Fanben
隧道生产安全事故应急预案范本
国家安全生产应急救援中心
国家隧道应急救援中铁二局昆明队
中国中铁股份有限公司   编著   责任编辑／姜锡伟
中铁二局集团有限公司   封面设计／何东琳设计工作室
中国中铁股份有限公司爆破安全技术中心

西南交通大学出版社出版发行
（四川省成都市金牛区二环路北一段 111 号西南交通大学创新大厦 21 楼   610031）
发行部电话：028-87600564   028-87600533
网址：http://www.xnjdcbs.com
印刷：四川煤田地质制图印刷厂

成品尺寸   185 mm × 260 mm
印张   10.25   字数   156 千
版次   2019 年 10 月第 1 版   印次   2019 年 10 月第 1 次

书号   ISBN 978-7-5643-7215-6
定价   58.80 元

前　言

根据国家安全生产应急救援中心《关于委托开展生产安全事故应急预案范本编制工作的函》要求，中铁二局集团有限公司在中国中铁股份有限公司组织指导下，编写组经调查研究，认真总结实践经验，广泛征求全国有关单位和专家意见，并参考国家应急救援中心先后在煤矿、危险化学品、油气管道、汽车制造、商贸等重点行业（领域）编制的应急预案范本，编制完成了《中铁二局集团有限公司生产安全事故应急预案》《国家隧道应急救援中铁二局昆明队应急预案》《国家隧道应急救援中铁二局昆明队应急处置卡》《中铁二局第三工程有限公司生产安全事故应急预案》《中铁二局成兰铁路云屯堡隧道工程生产安全事故现场处置方案》《中铁二局成兰铁路项目云屯堡隧道工程生产安全事故现场应急处置卡》。

主要编写人员：

国家安全生产应急救援中心：高双喜、孔亮、张明、石国领；

中国中铁股份有限公司：李凤超、胡科敏、高儒华；

中铁二局集团有限公司：蒋光全、王勇、晏大武、张胜全、刘世杰、蒋开春、谭青明、黄国庆、马辉、贺志荣、雷小彬、向吉君、王胜兴、占才胜、薛千里、吴平国、吴苗、钱蔷薇、张启军、李定国、刘林；

国家隧道应急救援中铁二局昆明队：刘卫华、王维俊、穆树元、罗继勇；

中国中铁爆破安全技术中心：杨波、赵军。

主要审查人员：

王声扬、靳锐勇、杨守泰、黄湘勇、蔡以智、唐帆、向前海、李涛、李鸿飞、林嗣杰、江涛、王俊峰、张海波、李良、张存佳、占凡、张晓波、陈文义、周红芳、杨利民、张宗喜。

目 录

国家隧道应急救援中铁二局昆明队应急预案

国家隧道应急救援中铁二局昆明队应急处置卡

中铁二局集团有限公司生产安全事故应急预案

中铁二局第三工程有限公司生产安全事故应急预案

中铁二局成兰铁路项目云屯堡隧道工程生产安全事故现场处置方案

中铁二局成兰铁路项目云屯堡隧道工程生产安全事故现场应急处置卡

YJ

国家隧道应急救援中铁二局昆明队

YJ/ZTEJ-KMD-2019

应 急 预 案

2019 年 7 月

国家隧道应急救援中铁二局昆明队

批准页

　　《国家隧道应急救援中铁二局昆明队应急预案》是国家隧道应急救援中铁二局昆明队为快速、有序、高效进行隧道施工坍塌事故应急救援而制定的规范性文件。

　　本预案根据隧道坍塌事故应急救援的实际经验，针对隧道救援关键环节进行了阐述，明确了接警与处置、现场应急救援、通信与信息保障、物资与装备保障、队伍支援与技术专家保障等方面的要求，适用于隧道应急救援队伍的应急救援与处置。

　　《国家隧道应急救援中铁二局昆明队应急预案》经国家隧道应急救援中铁二局昆明队队长办公会审议通过，现正式发布。

队　长：

年　　月　　日

1 总　则

为贯彻落实《生产安全事故应急预案管理办法》，确保隧道应急救援队伍在隧道施工坍塌事故应急处置时快速、有序、高效进行，提升防灾减灾救灾能力，编制本预案。

1.1 适用范围

本预案适用于铁路、公路、水利水电、城市轨道等隧道施工坍塌事故应急救援工作。

1.2 指挥原则

科学救援、安全救援和快速救援，保证生命财产损失最小。

2 应急组织机构与职责

2.1 应急组织机构

启动应急预案，成立现场应急领导小组。领导小组包括抢险救援组、技术支持组、综合协调组和后勤保障组等4个。应急组织机构如图2-1所示。

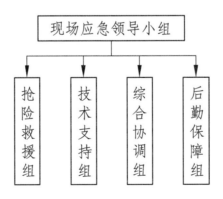

图 2-1　应急组织机构

应急救援队到达现场后，接受现场应急救援指挥部的指挥。

2.2 工作职责

2.2.1 现场应急领导小组

组长：队长

副组长：副队长、总工程师

成员：战训部部长、装备部部长和综合办主任

职责：

（1）组织各专业小组参加抢险救援工作。

（2）协调电力、通信、道路、卫生防疫、生活等后勤保障工作。

（3）及时向国家安全生产应急救援中心和上级应急管理部门汇报救援进展情况。

2.2.2 抢险救援组

组长：副队长

副组长：战训部部长、装备部部长和救援中队中队长

成员：抢险救援组全体成员

职责：

（1）对事故现场情况进行勘查、评估，协同现场应急指挥部制定救援方案。

（2）严格按救援方案实施现场救援。

（3）协调、指挥现场抢险救援应急队伍。

（4）监督救援人员执行有效的应急操作，保证救援人员的安全。

（5）协助事故后的现场清理。

2.2.3 技术支持组

组长：总工程师

副组长：战训部部长和装备部部长

成员：战训部、装备部技术人员

职责：

（1）协助现场应急指挥部制定救援方案及安全措施。

（2）在救援过程中提供技术支持和指导，协助现场应急指挥部修改、补充应急救援方案。

2.2.4 综合协调组

组长：综合办主任

成员：综合办成员

职责：

（1）接受应急事故报告，跟踪事故发展动态，收集应急处置信息并研判，及时向现场应急领导小组汇报。

（2）将现场应急领导小组指令及时传达到各抢险救援专业组。

2.2.5 后勤保障组

组长：后勤中队中队长

成员：后勤中队成员

职责：

（1）负责应急救援队现场后勤工作。

（2）保障救援运输组织顺畅、及时。

（3）负责现场交通秩序，疏通大型救援设备、车辆道路交通。

（4）协助、指导事故现场环境卫生清理。

3 应急响应

救援队应急响应基本流程如图3-1所示。

3.1 接警与处置

3.1.1 接警与准备

（1）救援队接到警情，发出警报。

（2）救援队队长向上级主管部门报告警情，汇报出警准备情况。

（3）根据事故情况，确定出警方案，调拨应急资源，向事故现场发出救援配合通知。

（4）根据指令，建立与现场救援指挥部的通信联络，下达出警命令。

（5）集结人员和装备，按出警命令出发。

接警处置流程如图3-2所示。

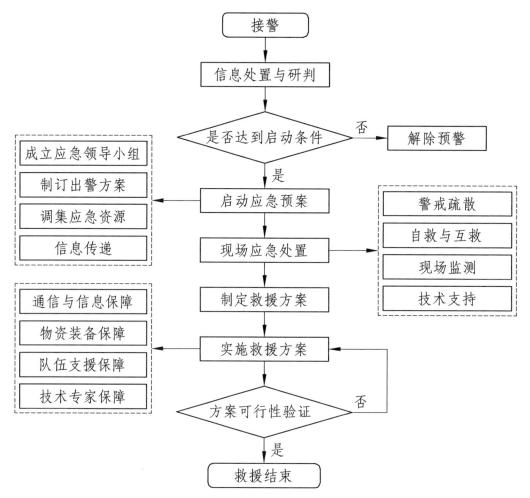

图 3-1 救援队应急响应基本流程

3.1.2 与事故单位信息沟通

救援队向事故单位收集项目名称、事故地点、现场情况、道路交通情况与隧道内通行条件以及联系人电话等基本信息。具体内容见附件 5.1 和附件 5.2。

3.1.3 应急救援信息报告

（1）出警报告程序。

救援队在出警 30 min 内将应急救援信息报告国家安全生产应急救援中心，同时向云南省应急管理厅和中国中铁股份有限公司报告。

国家安全生产应急救援中心：国家队救援信息报告微信群

中国中铁股份有限公司：应急值班电话 010 – 51878019

云南省应急管理厅：应急值班电话 0871 – 68025625

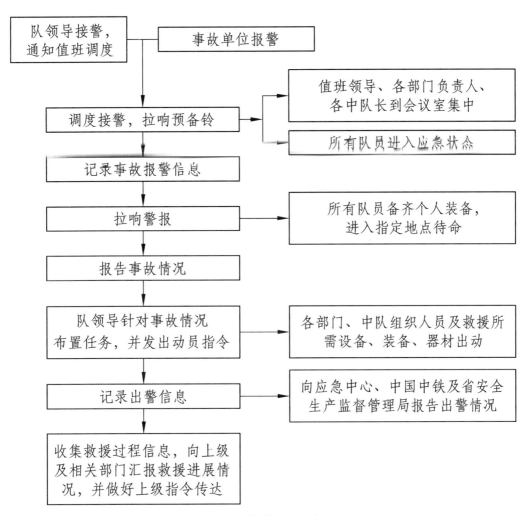

图 3-2　接警处置流程

（2）应急救援信息报告内容。

具体内容见附件 5.3。

3.2　现场应急救援

3.2.1　现场应急救援准备

救援队到达事故现场后，立即到现场应急救援指挥部报到，递交应急救援出警报告表，接受任务，开展应急救援工作。出警报告表详见附件 5.4。

3.2.2　应急处置措施

隧道坍塌事故现场应急处置措施见附件 5.5。

3.2.3 救援终止

救援终止判定条件：

（1）被困人员获救或失联人员得到确认。

（2）无法判明被困人员状况的，则应采用生命探测技术、生命通道和坑道等方式验证坍体后的生命迹象和空腔状况，经现场救援指挥部组织专家分析评估被困人员生存状况，确认无生还可能后，由现场救援指挥部宣布救援终止。

3.3 响应结束

3.3.1 撤离现场

当救援工作终止，经现场救援指挥部同意后，救援队可撤离现场。

3.3.2 救援总结

救援结束回到基地，应立即组织参加救援人员开会进行总结，由战训部牵头组织相关人员编写救援报告并提交上级应急管理部门。

3.3.3 救援费用

救援结束后，由战训部牵头组织相关人员编写救援成本费用测算报告并提交上级应急管理部门和现场应急救援指挥部。费用测算报告见附件5.6。

4 应急保障

4.1 通信与信息保障

4.1.1 有线通信

（1）现场应急救援指挥部负责向电信运营商提供事故现场所需光缆长度及技术参数。

（2）电信运营商负责将光缆从隧道内救援工作面铺设至隧道外通信指挥车或现场应急救援指挥部。

（3）救援队负责对隧道内音视频设备和隧道外通信指挥车与光缆进行连接

安装。

4.1.2 无线通信

（1）现场应急救援指挥部负责制定手机及对讲机通信方案。

（2）电信运营商负责安装无线通信信号增强设备。

4.2 物资装备保障

隧道坍塌现场应急物资及机具保障由救援队和事故现场单位提供，见附件5.7。

4.3 队伍支援保障

当现场救援队伍配备不能满足事故救援要求时，救援队应及时向救援指挥部建议，调集行业内支援队伍协同救援。

4.4 技术专家保障

救援期间现场技术专家组随时提供技术支持，必要时向救援指挥部建议，调集行业内专家与救援队专业人员组成专家团队为现场救援提供技术支持。救援专家信息表见附件5.8。

5 附 件

5.1 隧道坍塌事故基本信息表

5.2 现场救援条件要素表

5.3 应急救援信息报告表

5.4 应急救援出警报告表

5.5 隧道坍塌事故现场应急处置措施

5.6 救援成本费用测算报告

5.7 隧道坍塌应急物资及机具保障表

5.8 隧道救援专家信息表

附件 5.1 隧道坍塌事故基本信息表

填报单位：   填报时间：   年   月   日

项目名称		隧道名称		里程	
事故地点	省	市（县）	镇（乡）	村（街道）	组
现场情况					

项目名称			隧道名称		里程	

<table>
<tr><td>项目名称</td><td colspan="2"></td><td>隧道名称</td><td></td><td>里程</td><td></td></tr>
<tr><td>事故地点</td><td colspan="2">省　　市（县）</td><td>镇（乡）</td><td colspan="2">村（街道）　　组</td><td></td></tr>
<tr><td rowspan="6">现场情况</td><td colspan="6">1. 隧道断面尺寸、开挖和支护形式。</td></tr>
<tr><td colspan="6">2. 坍体围岩性质及类别、位置、大约长度、块径大小；是否含有害气体；含水量大小。</td></tr>
<tr><td colspan="6">3. 隧道施工工况、各工序之间的关系；是否具备中心水沟救援条件。</td></tr>
<tr><td colspan="6">4. 被困人员数量及大概位置。</td></tr>
<tr><td colspan="6">5. 应急处置基本情况简述。</td></tr>
<tr><td colspan="6">6. 坍塌处埋深，山体表面开裂、下陷程度</td></tr>
<tr><td rowspan="6">道路交通情况</td><td colspan="3">临近高速公路（国道）出口名称</td><td></td><td>距事发隧道口距离</td><td>km</td></tr>
<tr><td rowspan="3">便道路况</td><td colspan="5">便道长度：　　m；最小半径：　　m；最小宽度：　　m；最大坡度：　　；路面情况：</td></tr>
<tr><td colspan="5">通行能力：1. 适宜长 12.5 m 拖车。（　　）</td></tr>
<tr><td colspan="5">2. 适宜长 17.5 m 拖车。（　　）</td></tr>
<tr><td colspan="6">引导员姓名：　　　　职务：　　　　联系电话：</td></tr>
<tr><td rowspan="2">隧道内通行条件</td><td colspan="6">洞口至坍体距离(含斜井口至正洞或平导口至正洞)：　　　m</td></tr>
<tr><td colspan="2">隧道净空横断面尺寸</td><td colspan="4">宽：　　m；高：　　m</td></tr>
<tr><td>事故单位联系人</td><td colspan="6">姓名：　　　职务：　　　联系电话：</td></tr>
<tr><td rowspan="2">备注</td><td colspan="6">事故单位需采取措施，保证救援队设备（大口径钻机等）离开国道后能迅速到达隧道坍塌现场。并事先确定：1. 引导员；2. 施工便道清障、坑洼铺垫与边坡维护；3. 隧道内衬砌台车等障碍拆解、施工车辆清除等工作。</td></tr>
<tr><td colspan="6">立即组织开展喷混凝土封闭和砂袋反压坍体正面</td></tr>
</table>

填报人：   联系电话：   传真：   电子邮箱：

附件 5.2 现场救援条件要素表

（一）大型救援设备轮廓尺寸

序号	设备名称	单位	数量	规格型号	外形尺寸 $L \times W \times H$/mm	备注
1	水平钻机	台	1	RPD-180CBR	8350×2730×3000	
2	多功能快速钻机	台	1	RPD-180CBR(v)	8350×2730×3450	
3	大口径水平钻机	台	1	FS-120CZ	11000×3000×3500	
4	卫星通信指挥系统	台	1	动中通	4820×1885×2100	
5	移动营房车+应急终端	台	1		12000×3200×4200	
6	侧开式工具车	台	1		9042×2450×3460	
7	后开式工具车	台	1		8735×2500×3850	
8	50t 起重机	台	1	50 t	13300×2750×3550	

（二）运输车辆通行道路条件

运输条件		车辆	最小半径/m	最窄路面/m	最大坡度/(°)	便桥荷载/kN	道路要求	隧道内净空（拖车板高1.5 m）
设备	大口径水平钻机	拖车，长17.5 m	21	4	20	550	无大于15 cm石块	宽4 m，自行走高3 m，拖车运输高4.6 m
	多功能水平钻机	拖车，长15 m	18.5	4	20	400	无大于15 cm石块	宽4 m，自行走高3.6 m，拖车运输高5.2 m
	大口径钻机配套设备	货车，长12 m	15.5	4	20	400	无大于15 cm石块	宽4 m，拖车运输高5.1 m
	移动营房车及应急平台终端		24	4	16	250	无大于15 cm石块	宽4 m，自行走高4.2 m
	工具车		20	4	20	220	无大于15 cm石块	宽3.5 m，自行走高4 m

附件 5.3 应急救援信息报告表

报告单位：国家隧道应急救援中铁二局昆明队

救援队伍名称	国家隧道应急救援中铁二局昆明队		
带队负责人		电话	
接报（召请）时间	年 月 日 时 分	出动救援人员数量	人
出动救援装备	（主要按配备装备目录分类统计）		
事故基本情况	一、事故发生单位的名称、地址、事故性质等。 二、事故发生的时间、地点以及事故现场情况。 三、事故的简要经过（包括应急救援情况）。 四、事故已经造成或者可能造成的伤亡人数（包括下落不明、涉险人数）和初步估计的直接经济损失。 五、救援进展情况。（1. 第一批、第二批……人员及装备出警情况；2. 救援情况。）		
其他信息	其他需要补充说明的信息		

注：

1. 出警 30 min 内分别报送至国家安全生产应急指挥中心、中国中铁股份有限公司及云南省应急管理厅。

2. 较大涉险事故、一般事故、较大事故每日至少续报 1 次；重大事故、特别重大事故每日至少续报 2 次。

附件 5.4 应急救援出警报告表

报告单位：国家隧道应急救援中铁二局昆明队

救援队伍名称			国家隧道应急救援中铁二局昆明队				
带队负责人				电　话			
出动时间		年　月　日　时　分		到达时间	年　月　日　时　分		
出动救援人员：			人				
第一批		人	第二批		人	第三批	人
序号	类别	名称		单位	数量	预计到达时间	
1	侦检装备	防爆探地雷达		套		日	时
2		生命探测仪		台		日	时
3	救援车辆及破拆与支护设备	侧开式工具车		台		日	时
4		后开式工具车		台		日	时
5		破拆与支护设备		套		日	时
6		应急指挥车		辆		日	时
7		救援宿营车		辆		日	时
8	通信指挥车	移动营房车及应急平台终端		套		日	时
9		卫星指挥车		辆		日	时
10	钻孔装备	大口径水平钻机		台		日	时
11		水平快速钻机		台		日	时
12							
13							
14							

注：救援装备应结合救援方案进行调整。

附件 5.5 隧道坍塌事故现场应急处置措施

（一）大口径钻孔法应急处置措施

序号	任务	主要工作内容	应急工作组
1	现场确认	（1）现场收集了解被困人员状况。 （2）综合分析坍塌基本情况：坍塌起点、坍塌方向、坍体状态、支护情况、设计及地质情况等因素。 （3）查阅设计、施工资料，观测支护变形参数等情况，判断坍塌是否稳定、救援环境是否安全	抢险救援 技术支持
2	制定方案	根据坍塌的基本信息、坍塌规模、隧道未贯通段长度、地形地貌、坍体的物理力学性质等综合分析，制定救援方案	抢险救援 技术支持
2	制定方案	（2）坍塌救援工作面满足 18 m（长）×5 m（宽）×5.3 m（高）的空间需要。 （3）救援工作面具备 200 kVA 动力电源和高压水。 （4）根据救援过程具体情况，不断完善方案和救援措施	抢险救援 技术支持
3	洞内加固	（1）确认无次生灾害威胁后，立即组织开展喷射混凝土封闭和砂袋反压坍体正面。 （2）初支结构受坍塌扰动范围回填砂袋至起拱线、搭设钢支撑等。 （3）填筑生命通道钻机和大口径救生钻机作业平台，检查修复现场风、水、电管线	抢险救援
4	打通生命通道	（1）利用生命通道钻机钻入塌方体，打通生命通道。 （2）向被困人员输送水和食品，建立视频通话系统。 （3）推算坍体长度	抢险救援
5	钻孔定位	（1）根据钻机尺寸、钻进前方支撑、坍体孤石等因素综合考虑，在中线附近、坍体上部定位钻孔。 （2）定位完成后采用喷漆标识，方便钻机作业平台填筑	抢险救援

序号	任务	主要工作内容	应急工作组
6	钻机及配套设备就位	（1）作业平台地基必须坚实稳固，作业期间地基不得出现变形、下陷现象，钻机前方预留搭建操作台的位置。 （2）作业平台预留渣土传送装置位置，并在钻机就位前将渣土传送装置安装完毕。 （3）钻机驶入作业平台，调整位置，准备钻孔作业。 （4）内燃高风压空压机、驱动液压站及钻具就位	抢险救援
7	钻孔作业	（1）采用内外钻具同时钻进、外管超前钻进方式。 （2）实时记录钻孔进度，遇到钻机扭矩、压力异常或卡钻时，调整操作方法后继续钻进。 （3）随时观察排出渣土，判断坍体地质情况。 （4）作业人员实行三班轮换，每班交接工作记录。 （5）打通坍体后，及时与被困人员联系，确定钻具伸出合理长度，便于营救被困人员	抢险救援
8	人员施救	（1）救援通道形成后，由专业人员携带担架和安全绳等进入被困空间施救。 （2）对受伤人员，应先将其抬上担架，利用安全绳将担架从钻管拉出，再协助其余被困人员脱险	抢险救援
9	设备退场	（1）将被困人员救出后，有序收整救援装备。 （2）钻机外钻管退出方案在确认救援工作结束后进行专题研究，制定专项方案后实施	抢险救援 后勤保障

（二）小导坑法应急处置措施

序号	任务	主要工作内容	应急工作组
1	现场确认	（1）现场收集了解被困人员状况。 （2）综合坍塌起点、坍塌方向、坍体状态、支护情况、设计及地质情况等因素分析了解坍塌基本情况。 （3）通过观测支护变形情况、设计资料等综合分析判断坍塌是否稳定，救援环境是否安全	抢险救援 技术支持
2	制定方案	（1）选择小导坑方案时，导坑沿隧道轮廓线而行，且选择在初期支护保留较好的一边。导坑底板标高应根据导坑长度、初期支护破坏程度、地质条件等具体因素确定。 （2）坍塌段落初期支护保留比较完整时，采用三角形导坑。 （3）坍塌段落初期支护破坏严重时采用梯形导坑。 （4）导坑选择从隧道另一端或从侧面开洞时，选择正梯形。 （5）导坑支护方式采取箱架支护，箱架采用密排	抢险救援 技术支持
3	洞内加固	（1）确认无次生灾害威胁后，立即组织开展喷射混凝土封闭和砂袋反压坍体正面。 （2）初支结构受坍塌扰动范围回填砂袋至起拱线、搭设钢支撑等。 （3）检查修复现场风、水、电管线	抢险救援
4	打通生命通道	（1）利用生命通道钻机钻入塌方体，打通生命通道。 （2）向被困人员输送水和食品，建立视频通话系统，为了解被困人员数量、健康状况提供生命保障。 （3）推算坍体长度	抢险救援
5	导坑定位	（1）导坑开口段用测量仪器对方向进行控制。 （2）不能用测量仪器测设时采用红外线笔将中线逐步引渡，高程控制采用透明水管逐渐引渡前移	抢险救援

序号	任务	主要工作内容	应急工作组
6	导坑开挖	（1）救援动员：队员应具有丰富的施工经验、强壮的体魄和极高的责任心和爱心。 （2）指挥体系：导坑内和导坑洞口各设置一名经验丰富的隧道工程师，采用有线电话和对讲机使导坑掌子面和洞口保证通信畅通，确保有力地组织指挥。 （3）人员布置：由经验丰富且掌握多项技能的开挖、支护、出渣人员的组成。 （4）人员轮换：开挖、支护、出渣人员可按每小时换一次位、每4h换一次班（六班制）进行轮换	抢险救援
7	过程监控	采用洞内安设摄像头的方式实时监控开挖状况，便于洞口根据进展情况准备材料、协调指挥	抢险救援
8	人员施救	（1）救援通道形成后，救援工作由专业救援人员携带担架和安全绳等进入施救。 （2）对受伤人员，应先将其抬上担架运出，再协助其余被困人员脱险	抢险救援

（三）顶管法应急处置措施

序号	任务	主要工作内容	应急工作组
1	现场确认	（1）现场收集了解被困人员状况。 （2）综合坍塌起点、坍塌方向、坍体状态、支护情况、设计及地质情况等因素分析了解坍塌基本情况。 （3）通过观测支护变形情况、设计资料等综合分析判断坍塌是否稳定，救援环境是否安全	抢险救援 技术支持
2	制定方案	（1）根据坍塌的基本信息、坍塌规模、隧道未贯通段长度、地形地貌、坍体的物理力学性质等综合分析，制定救援方案。 （2）坍体为软塑—硬塑状、松散土体或砂层，小导坑法不能适用时。 （3）场地开阔	抢险救援 技术支持
3	洞内加固	（1）确认无次生灾害威胁后，立即组织开展喷射混凝土封闭和砂袋反压坍体正面。 （2）初支结构受坍塌扰动范围回填砂袋至起拱线、搭设钢支撑等。 （3）检查修复现场风、水、电管线	抢险救援
4	打通生命通道	（1）利用生命通道钻机钻入塌方体，打通生命通道。 （2）向被困人员输送水和食品，建立视频通话系统，为了解被困人员数量、健康状况提供生命保障。 （3）推算坍体长度	抢险救援
5	准备工作	（1）顶进管道类型采用承插钢管。 （2）管道采用直径$\phi 800\ mm \times 10\ mm$钢管，管节长度为$1\ m$。 （3）千斤顶采用$200\ t$的，行程不小于$50\ cm$，并采用固定架进行固定。	抢险救援

序号	任务	主要工作内容	应急工作组
5	准备工作	（4）顶进后背座采用埋设密排 300 型工字钢作立柱，采用 200 型工字钢作斜向支撑。立柱和斜向支撑均设置反力基础，基础形式、深度应根据计算推力、地质条件等确定	
6	液压顶管	（1）根据场地情况，先拼装顶管机机架主梁，吊装后靠梁和顶环连接在机架上，再吊装千斤顶安装在后靠梁上，连接电动液压系统，完成顶管机拼装。 （2）将长度为 12 m、直径为 63 cm 的钢管吊入顶管机导轨，连接后靠梁与顶头，固定顶环与钢管，启动电动液压站，开始顶进。 （3）千斤顶行程到位后，脱开后靠梁与机架，千斤顶回缩带动后靠梁前移，至第二行程处，固定后靠梁与机架，继续顶进。 （4）第一节钢管末端顶至顶管机前端时，脱离顶环与钢管，后靠梁与顶环拉回初始位置，吊入第二节钢管，钢管间用套接头连接，重新顶进，如此往复，直至顶通坍体。 （5）使用液压装置脱离裙部与挤压头，形成救援通道	抢险救援
7	人员施救	（1）救援通道形成后，救援工作由专业救援人员携带担架和安全绳等进入施救。 （2）对受伤人员，应先将其抬上担架运出，再协助其余被困人员脱险	抢险救援

（四）竖井法应急处置措施

序号	任务	主要工作内容	应急工作组
1	现场确认	（1）现场收集了解被困人员状况。 （2）综合坍塌起点、坍塌方向、坍体状态、支护情况、设计及地质情况等因素分析了解坍塌基本情况	抢险救援 技术支持
2	制定方案	（1）根据坍塌的基本信息、坍塌规模、隧道未贯通段长度、地形地貌、坍体的物理力学性质等综合分析，制定救援方案。 （2）当隧道埋深较小，且洞内救援方案无法开展时，可从地面隧道轮廓线外 3 m 挖竖井救援	抢险救援 技术支持
3	准备工作	（1）修建便道至洞顶竖井开口位置。 （2）运送材料、机械至工作面，现场风、水、电管线安设完成。 （3）竖井设置在受坍塌扰动较小、隧道初期支护比较完整的段落。 （4）对孔口周边范围进行封闭，防止地表水和施工用水下渗	抢险救援
4	打通生命通道	（1）利用垂直生命通道钻机钻入塌方体，打通生命通道。 （2）向被困人员输送水和食品，建立视频通话系统，为了解被困人员数量、健康状况提供生命保障。 （3）推算坍体长度	抢险救援
5	救援作业	（1）竖井锁口满足竖井开挖和支护的稳定要求。 （2）人工开挖，采用挖孔桩专用吊机出渣，根据围岩情况开挖进尺控制在 50～100 cm。有条件时也可采用钻孔直接成孔。	抢险救援

序号	任务	主要工作内容	应急工作组
5	救援作业	（3）当竖井挖至隧道初期支护时，应采用风镐小心凿除隧道初期支护的喷射混凝土，再割除支护钢架，并完成竖井内支护，确认隧道及竖井均处于安全状态后才能进入隧道。 （4）竖井支护可采用格栅喷射混凝土支护	
6	人员施救	（1）救援通道形成后，救援工作由专业救援人员携带担架和安全绳等进入施救。 （2）对受伤人员，应先将其抬上担架运出，再协助其余被困人员脱险	抢险救援

（五）疏通中央水沟（管）应急处置措施

序号	任务	主要工作内容	应急工作组
1	现场确认	（1）现场收集了解被困人员状况。 （2）综合坍塌起点、坍塌方向、坍体状态、支护情况、设计及地质情况等因素分析了解坍塌基本情况	抢险救援 技术支持
2	制定方案	（1）根据坍塌的基本信息、坍塌规模、隧道未贯通段长度、地形地貌、坍体的物理力学性质等综合分析，制定救援方案。 （2）坍塌体下方有已施作的中心水沟，且中心水沟（管）未掩埋或掩埋的长度较小时，可采用从中心水沟（管）进入的方法进行救援	抢险救援 技术支持
3	准备工作	（1）抽排水泵及通风机、个人防护、清理工具等。 （2）对中央水沟内进行有害气体检测，检测是否符合作业环境要求	抢险救援
4	打通生命通道	（1）利用生命通道钻机钻入塌方体，打通生命通道。 （2）向被困人员输送水和食品，建立视频通话系统，为了解被困人员数量、健康状况提供生命保障。 （3）推算坍体长度	抢险救援
5	救援作业	（1）首先检查中心排水沟（管）内有害气体和水量情况，采取排水、通风措施后方可进行疏通作业。 （2）救援人员进入中心水沟（管）进行疏通作业时应做好个人防护，佩戴安全防护用具。 （3）中心水沟（管）的疏通采用人工作业时，掩埋段开挖每循环进尺控制在 20~40 cm，可采用小型型钢、钢板、方木、木板等材料进行支护。 （3）中心水沟（管）疏通后，应与被困人员取得联系，确认通道出入口安全后由专业救援人员实施救援	抢险救援
6	人员施救	（1）救援通道形成后，救援工作由专业救援人员携带担架和安全绳等进入施救。 （2）对受伤人员，应先将其抬上担架运出，再协助其余被困人员脱险	抢险救援

附件 5.6 救援成本费用测算报告

应急救援费预算表

救援项目名（印章）： _____

救援单位（印章）： _____

救援单位代表： _____

涉险单位代表： _____

应急救援费用汇总表

序号	费用名称	费用计算表达式	金额/元
一	直接费	人工费+材料费+机械费	
二	间接费	按规定计算	
三	税金	（一+二）×综合税率	
四	救援费用总额	一+二+三	
	大写		
五	救援单位	签署意见 签字盖章	
六	涉险单位	签署意见 签字盖章	

应急救援直接费计算表

序号	项目名称	单位	数量	单价/元	合价/元	备注
一	人工费	元				
1	管理人员	工日				
2	作业人员	工日				
3	后勤保障人员	工日				
4	……	工日				
5						
二	材料费	元				
1	材料1					
2	材料2					
3	材料3					
4	材料4					
5	……					
三	机械费	元				
1	机械1					
2	机械2					
3	机械3					
4	机械4					
5	……					
	合　计					

应急救援间接费计算表

序号	项目名称	单位	数量	单价	合计
一	救援队伍调遣费				
1	人员进出场费				
2	机械设备运输、装卸费				
二	救援人员食宿费				
1	伙食费				
2	住宿费				
三	救援人员意外伤害保险费				
四	卫生防疫费				
	合　计				

编制：　　　　　　　　　　　　　复核：

附件 5.7 隧道坍塌应急物资及机具保障表

（一）大口径钻机救援法装备配置表

设备名称	型号	单位	数量	备注
大口径钻机	外钻管管径 620 mm	台	1	救援队
空压机	38 m³/min	台	2	
储气罐	3 m³	个	2	
渣土传输带		套	1	
装载机	50	台	2	现场提供
挖掘机	320	台	2	
全站仪		台	2	
发电机	300 kW（液压站）	台	1	
轴流风机	3 kW 低噪声	台	5	
电焊机		台	3	
气　割		套	2	

（二）大口径钻机救援法物资配置表

材料名称	规格型号	单位	数量	备注
钢板	7 m×0.8 m ×0.02 m	块	2	救援队
柴油	0#（钻机）	L	1000	现场提供
方木	15 cm×15 cm	m³	5	
木板	5 cm×15 cm	m³	2	
砂袋		个	500	

（三）大口径钻机救援法人员配置表

工　种	单　位	数　量	备　注
隧道、地质工程师	人	4	现场提供
测量工程师	人	2	
测量工	人	4	
机械工程师	人	2	
钻机司机	人	4	救援队
装载机司机	人	2	现场提供
挖掘机司机	人	2	
机械技师	人	4	
电工	人	3	
电焊工	人	3	
氧焊、气割	人	3	
钻具装拆工	人	18	现场提供（三班制）
普工	人	30	
指挥协调	人	12	

（四）小导坑法救援设备及工具配置表

设备名称	型 号	单 位	数 量	备 注
快速钻机	钻孔深度≥150 m	台	1	救援队
无线对讲机		对	5	
音频对讲监控系统		套	1	
手持电锯		台	3	
电焊机		台	3	现场提供
气 割		套	2	
挖掘机		台	1	
装载机		台	1	
自卸汽车		台	1	
全站仪		台	1	
风 镐		台	5	
风 钻		台	2	
电 钻		台	5	
透明水管		m	100	救援队
桃形锄	耙长 50 cm	把	10	
十字镐	耙长 50 cm	把	10	
军用铁锹		把	10	
渣筐		个	50	现场提供

（五）小导坑法救援物资配置表

材料名称	规格型号	单 位	数 量	备 注
无缝钢管	加固使用	m	200	
原 木	ϕ100 长 4 m	根	40	
方 木	15 cm×15 cm	m³	27	
	10 cm×10 cm	m³	12	
木 板	5×15 cm	m³	2	现场提供
木 楔		个	800	（按导坑长度
抓 钉		颗	1500	30 m 计，
铁 钉	100 mm	盒	30	木材 L=4 m）
工作灯		盏	10	
白炽灯泡		盒	10	
多用插座		个	10	

（六）小导坑法救援人员配置表（现场提供）

工 种	单 位	数 量	备 注
隧道工程师	人	5	
测量工程师	人	2	
测量工	人	4	
机械工程师	人	2	
钻机司机（救援队）	人	4	
普 工	人	200	出渣160人，钻机24人，搬运16人
电 工	人	4	
隧道领工员	人	6	六班制
电焊工	人	12	六班制
氧焊、气割	人	24	六班制
指挥协调	人	24	六班制

（七）顶管救援法设备及工具配置表

设备名称	型　号	单　位	数　量	备　注
快速钻机	钻孔深度≥150 m	台	1	救援队
液压顶管机	400 t（坍体较短）	台	1	
无线对讲机		对	5	
电焊机		台	3	现场提供
气　割		套	2	
挖掘机		台	1	
装载机		台	1	
自卸汽车		台	1	
全站仪		台	1	
风　镐		台	2	
电　钻		台	2	
透明水管		m	100	救援队
桃形锄	耙长 50 cm	把	10	
十字镐	耙长 50 cm	把	10	
军用铁锹		把	10	
渣筐		个	50	现场提供

（八）顶管救援法物资表

材料名称	规格型号	单位	数量	备注
定制钢管	φ63 cm 气动顶管机	m	100	救援队
锻制钢筋	φ32	m	300	
型钢	30#	m	60	现场提供
混凝土		m³	100	
工作灯		盏	10	
白炽灯泡		盒	10	
多用插座		个	10	

（九）顶管救援法人员配置表（现场提供）

工种	单位	数量	备注
隧道工程师	人	5	
测量工程师	人	2	
测量工	人	4	
机械工程师	人	2	
顶管机司机（救援队）	人	4	
机械技师	人	20	钻机4人，顶管16人
普工	人	184	出渣160，钻机24人
电工	人	4	
电焊工	人	12	六班制
氧焊、气割	人	24	六班制
指挥协调	人	24	六班制

（十）竖井救援法设备及工具配置表

设备名称	型号	单位	数量	备注
快速钻机	钻孔深度≥150 m	台	1	救援队
无线对讲机		对	5	
内燃空压机	20 m³	台	2	现场提供
混凝土喷射机	7 m³/h	台	3	
挖孔桩吊机		套	1	
钢筋加工设备		套	1	
电焊机		台	3	
气 割		套	2	
挖掘机		台	1	
装载机		台	1	
自卸汽车		台	1	
全站仪		台	1	
水准仪		台	1	现场提供
风镐		台	5	
风钻		台	2	
电钻		台	5	
测绳		m	100	救援队
桃形锄	耙长 50 cm	把	10	
十字镐	耙长 50 cm	把	10	
军用铁锹		把	10	
料斗		个	10	现场提供
人员专用吊斗		个	2	

（十一）竖井救援法物资表（现场提供）

材料名称	规格型号	单 位	数 量	备 注
地质钢管	φ100	m	100	钻机专用
钢 筋	φ22	t	10	
	φ8	t	1	
水 泥	42.5	t	30	
速凝剂	粉状	t	3	
碎 石	5～15	t	50	
砂	中砂	t	30	
工作灯		盏	10	
白炽灯泡		盒	10	
多用插座		个	10	
爆破器材	满足掘进需求			

（十二）竖井救援法人员配置表（现场提供）

工 种	单 位	数 量	备 注
隧道工程师	人	3	
测量工程师	人	2	
测量工	人	4	
普 工	人	96	出渣16人，搬运80人
电 工	人	4	
支护工	人	36	六班制
开 挖	人	24	六班制
电焊工	人	36	六班制
氧焊、气割	人	24	六班制

（十三）中心水沟（管）救援法设备及工具配置表

设 备 名 称	型 号	单 位	数 量	备 注
水 泵		台	5	现场提供
通风设备		套	1	
气体检测仪		台	2	救援队
桃形锄		把	15	

（十四）中心水沟（管）救援法物资表（现场提供）

材料名称	型 号	单 位	数 量	备 注
编织袋		个	200	
麻 绳	直径 30 mm	m	50	
砂 袋		个	500	
方 木	15 cm×15 cm	m³	5	
木 板	5 cm×15 cm	m³	2	
耙 钉		kg	20	
工作灯		盏	10	
白炽灯泡		盒	10	
多用插座		个	10	

（十五）中心水沟（管）救援法人员配置表（现场提供）

工 种	单 位	数 量	备 注
测量工程师	人	2	
气体检测员	人	3	
电 工	人	3	
木 工	人	6	
开挖工	人	8	六班制
普 工	人	20	六班制
指挥协调	人	12	三班制

附件 5.8　隧道救援专家信息表

序　号	姓　名	性　别	年　龄	专　业	工作单位	手　机
1						
2						
3						
4						
5						
6						
7						

YJ

国家隧道应急救援中铁二局昆明队

YJ/ZTEJ-KMD-2019

应 急 处 置 卡

2019 年 3 月

国家隧道应急救援中铁二局昆明队

1 应急处置卡

1.1 应急领导小组组长应急处置卡

组长		队长		
序号	处置程序	处置要点		执行情况（√）
1	接警与处置	发出预警，对信息进行处置与研判		
2	启动应急预案	成立应急领导小组、制定出警方案、调集应急资源和向事故单位收集信息		
3	出警报告	出警 30 min 向国家安全生产应急救援中心、云南省应急管理厅、中国铁路总公司、中国中铁股份有限公司、中铁二局集团有限公司报告		
4	现场应急处置	通信与信息、物资装备、队伍支援和技术专家等应急保障		
5	救援结束	当救援工作终止，经现场救援指挥部同意后，撤离现场		

注意事项：

（1）信息收集与传达，要求及时准确。

（2）按时参加现场应急救援指挥部会议，落实各项指令和工作安排

应急联系方式：

内部			
姓名	办公电话	手机	备注
×××	—	—	中国中铁股份有限公司安全总监
×××	—	—	中铁二局集团有限公司分管领导

外部			
姓名	办公电话	手机	备注
×××	—	—	国家安全生产应急救援中心
×××	—	—	云南省应急管理厅
×××	—	—	中国铁路总公司调度中心
×××	—	—	现场应急救援指挥部指挥长
×××	—	—	现场应急救援指挥部综合协调组组长
×××	—	—	施工项目部负责人

1.2 抢险救援组组长应急处置卡

组　长		副队长	
序　号	处置程序	处置要点	执行情况（√）
1	出警准备	按照出警方案做好救援人员和装备的出警组织工作	
2	实施救援	严格按救援方案实施救援和协调应急支援队伍	
3	救援结束	协助现场清理工作和组织人员与装备撤离现场	

注意事项：

（1）按要求穿戴劳保用品，做好个人防护。

（2）救援工作在确认无次生灾害威胁的情况下进行。

（3）及时报告救援进展情况及存在问题

应急联系方式：

内　部

姓　名	办公电话	手　机	备　注
×××	—	—	中铁二局集团有限公司分管领导
×××	—	—	中铁二局集团有限公司隧道救援专家

外　部

姓　名	办公电话	手　机	备　注
×××	—	—	现场应急救援指挥部分管副指挥长
×××	—	—	现场应急支援队伍负责人
×××	—	—	施工项目部负责人
×××	—	—	施工项目部现场值班人员
×××	—	—	施工项目部现场技术人员

1.3 技术支持组组长应急处置卡

组 长		总工程师	
序 号	处置程序	处置要点	执行情况（√）
1	出警准备	按出警方案做好资源准备和向事故单位收集信息	
2	现场支持	协助现场制定救援方案及安全措施和给予技术指导	
3	救援结束	制定救援队人员及装备的撤离方案	

注意事项：

（1）向事故单位收集信息准确、及时。

（2）救援方案及安全措施操作性强

应急联系方式：

内　部

姓 名	办公电话	手 机	备 注
×××	—	—	中铁二局集团有限公司分管领导
×××	—	—	中铁二局集团有限公司隧道救援专家

外　部

姓 名	办公电话	手 机	备 注
×××	—	—	现场应急救援指挥部分管副指挥长
×××	—	—	现场应急救援指挥部技术方案组组长
×××	—	—	现场应急救援指挥部监测评估组组长
×××	—	—	现场应急救援指挥部隧道救援专家
×××	—	—	施工项目部技术负责人
×××	—	—	施工项目部现场技术人员
×××	—	—	施工项目部现场值班人员

1.4 综合协调组组长应急处置卡

组长		综合办主任	
序号	处置程序	处置要点	执行情况（√）
1	出警准备	按出警方案做好人员的调集和传达应急启动信息	
2	信息传递	及时将现场信息向领导小组汇报和传达指令到各专业组	
3	信息上报	及时将应急救援信息按要求向上级单位报告	
4	救援结束	协助现场应急领导小组处理相关事务	

注意事项：

（1）信息传递准确、及时。

（2）督促应急措施的部署和落实

应急联系方式：

内部			
姓名	办公电话	手机	备注
×××	—	—	中铁二局集团有限公司分管领导
×××	—	—	中铁二局集团有限公司隧道救援专家
外部			
姓名	办公电话	手机	备注
×××	—	—	现场应急救援指挥部分管副指挥长
×××	—	—	现场应急救援指挥部指挥协调组组长
×××	—	—	现场应急救援指挥部新闻舆情组组长
×××	—	—	施工项目部负责人

1.5 后勤保障组组长应急处置卡

组 长		后勤中队中队长		
序 号	处置程序	处置要点		执行情况（√）
1	出警准备	按出警方案做好人员及物资装备的装运工作		
2	交通疏导	负责现场交通秩序，对大型救援设备、车辆组织疏通		
3	物资保障	保证人员食宿、保暖或防寒物资供给		
4	救援结束	按撤离方案做好人员及物资装备的装运工作		

注意事项：

（1）维持好现场交通秩序。

（2）及时提供所需物资

应急联系方式：

内 部			
姓 名	办公电话	手 机	备 注
×××	—	—	救援队现场应急领导小组组长

外 部			
姓 名	办公电话	手 机	备 注
×××	—	—	现场应急救援指挥部分管副指挥长
×××	—	—	现场应急救援指挥部指挥协调组组长
×××	—	—	现场应急救援指挥部后勤保障组组长
×××	—	—	现场应急救援指挥部物资供应组组长
×××	—	—	施工项目部负责人

2 重点岗位应急处置卡

2.1 大口径钻机机长应急处置卡

责任人		大口径钻机机长	
序 号	处置程序	行动内容	执行情况(√)
1	现场准备	检查工作面是否满足钻机作业条件;200 kVA动力电源和高压水接通;在中线附近、坍体上部定位钻孔;高风压空压机、驱动液压站及钻具就位;钻机驶入作业平台,调整位置,准备钻孔作业	
2	钻孔作业	采用内外钻具同时钻进、外管超前钻孔方式;当钻机扭矩、压力异常或卡钻时,调整操作方法继续钻进;观察排出渣土,判断坍体地质情况;打通坍体后,及时与被困人员联系,确定钻具伸出合理长度	
3	人员施救	救援通道打通后,由专业人员携带担架和安全绳等进入被困空间施救;对受伤人员,先将其抬上担架,利用安全绳将担架从钻管中拉出,再协助其余被困人员脱险	

注意事项:

(1)禁止无关人员进入钻机作业工作面。

(2)严格按操作规程进行钻孔作业

应急联系方式:

内 部			
姓 名	办公电话	手 机	备 注
×××	—	—	救援队现场应急领导小组组长
×××	—	—	救援队现场应急抢险救援组组长

外 部			
姓 名	办公电话	手 机	备 注
×××	—	—	施工项目部现场技术人员
×××	—	—	施工项目部现场值班人员

2.2 安全监护人员应急处置卡

责任人	安全监护人员		
序　号	处置程序	行动内容	执行情况（√）
1	救援准备	对现场安全监控方案进行监督检查	
2	实施救援	对救援环境做好安全评估，确保救援作业人员及装备安全	
3	救援结束	对大型救援装备起吊、加固及运输工作进行监督检查	

注意事项：

（1）发现异常情况及时上报。

（2）出现重大安全隐患及时组织人员撤离

应急联系方式：

内　部

姓　名	办公电话	手　机	备　注
×××	—	—	救援队现场应急抢险救援组组长

外　部

姓　名	办公电话	手　机	备　注
×××	—	—	施工项目部技术负责人
×××	—	—	施工项目部现场技术人员
×××	—	—	施工项目部现场值班人员

中铁二局集团有限公司

YJ/ZTEJ-JT-2019

YJ

生产安全事故应急预案

2019 年 3 月

中铁二局集团有限公司

批准页

    《中铁二局集团有限公司生产安全事故应急预案》是中铁二局集团有限公司为保护员工、相关方、群众的生命财产和环境安全，减少财产损失，维护公司声誉和社会形象而制定的企业内部规范性文件，是《中国中铁股份有限公司安全质量暨灾害事故（事件）应急预案》的支持性文件。本预案阐述了其适用范围、事故分级，明确了应急组织机构与职责、应急响应、应急处置原则、应急保障等相关要求，应用于中铁二局生产安全事故的应急救援与处置。

    《中铁二局集团有限公司生产安全事故应急预案》经公司安全生产委员会审议通过，现正式发布。

总经理：

年　　月　　日

1 总 则

1.1 编制目的

为规范中铁二局集团有限公司（以下简称公司）生产安全事故的应急管理，提升公司应急处置能力，明确各级人员在事故中的责任和义务，最大限度地减少事故造成的人员伤亡、财产损失和对环境产生的不利影响，结合公司实际制定本预案。

1.2 编制依据

本预案根据《中华人民共和国安全生产法》《中华人民共和国突发事件应对法》《生产安全事故报告和调查处理条例》《国家安全生产事故灾难应急预案》等法律法规和文件规定，结合公司安全生产工作实际编制而成。

1.3 适用范围

本应急预案适用于公司及所属子（分）公司（项目经理部）生产安全事故应急处置工作。

1.4 应急预案体系

公司应急预案体系由公司、子（分）公司应急预案和项目经理部现场处置方案、应急处置卡组成。

1.5 预案衔接

《四川省生产安全事故灾难应急预案》
《中国中铁股份有限公司安全质量暨灾害事故（事件）应急预案》
《国家隧道救援队伍应急预案》
《国家矿山救护队应急预案》
各子（分）公司应急预案

公司应急预案衔接关系见图 1-1。

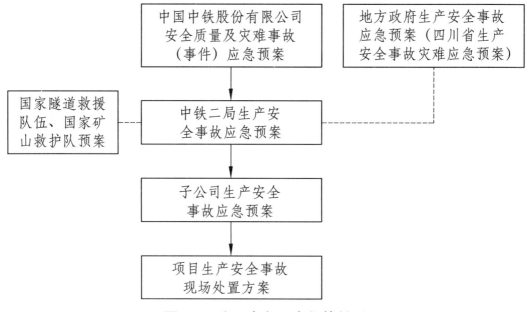

图 1-1　公司应急预案衔接关系

1.6　响应分级

根据接报的事故信息、初步原因分析、人员伤亡情况、经济损失和社会影响范围等因素划分，将应急响应级别分为 I ~ IV 级，响应分级、启动条件如表1-1：

表 1-1　响应分级

序号	响应分级	启动条件（下列情况之一）	响应部门及相关应急人员	响应内容
1	I级中国中铁	1. 初判可能造成或导致死亡3人，或重伤10人以上事故。 2. 初判可能发生直接经济损失≥500万元的事故	中铁二局：公司主要领导，分管领导，工会主席，安全总监，公司办公室、安质环保部、工程管理部、人力资源部、宣传部、工会等负责人及相关人员	向中国中铁请求支援，必要时可请求国家隧道救援队支援；接受中国中铁下达的各项指令，并响应

序号	响应分级	启动条件 （下列情况之一）	响应部门及相关应急人员	响应内容
1	Ⅰ级 中国 中铁		子（分）公司：主要领导、分管领导、工会主席、安全总监，安质环保部、工程管理部、人力资源部、宣传部、工会等负责人及相关人员。 区域公司：主要领导、监管领导、工程部长及相关人员	
2	Ⅱ级 中铁 二局	1. 初判可能造成或导致死亡 1～2 人，或重伤 3～9 人的事故。 2. 初判可能发生直接经济损失 50 万～500 万元（不含）的事故	中铁二局：公司分管领导、工会主席、安全总监，安质环保部、工程管理部、宣传部、工会等负责人及相关人员。 子（分）公司：主要领导、分管领导、工会主席、安全总监，安质环保部、工程管理部、宣传部、工会等负责人及相关人员。 区域公司：主要领导、监管领导、工程部长及相关人员	中铁二局应急领导小组下达指令；必要时可请求国家隧道救援队支援
3	Ⅲ级 子分公司、区域公司	1. 初判可能造成或导致重伤 1～2 人的事故。 2. 初判可能发生直接经济损失 20 万～50 万元（不含）的事故。 3.营业线施工及施工破坏管线，造成较大影响的事故。 4.无人员伤亡，但社会影响较大的险性事故（事件）：	子分公司：分管领导、安质环保部、工程管理部部长及相关人员。 区域公司：监管领导、工程部长及相关人员	向中铁二局请求支援，接受中铁二局下达的各项指令，并响应

序号	响应分级	启动条件（下列情况之一）	响应部门及相关应急人员	响应内容
3	Ⅲ级子分公司、区域公司	（1）桥梁搬运机、提梁机、运梁车、架桥机、大型龙门吊、盾构机等大型机械设备险性事故。 （2）移动模架、桥梁施工挂篮、满堂支架等大型临时设施险性事故。 （3）开挖深度大于5m（含）的基坑坍塌险性事故。 （4）隧道施工坍塌长度大于5m（含）的事故。 （5）其他影响大，损失严重的险性事故		
4	Ⅳ级项目经理部	1．初判可能造成轻伤的事故。 2．初判可能发生直接经济损失小于20万元的事故。 3．无人员伤亡，具有社会影响的险性事故（事件）： （1）开挖深度小于5m的基坑坍塌险性事故； （2）隧道施工坍塌长度小于5m的事故； （3）其他影响较大、损失较重的险性事故	项目经理部：领导班子、职能部门及相关人员	向中铁二局××子（分）公司请求支援，接受中铁二局××子（分）公司下达的各项指令，并响应

1.7 应急指挥原则

应急工作坚持"统一指挥、职责明确、反应迅速、运转高效"的原则。

1.7.1　统一指挥、职责明确

公司按照本应急预案及相关文件规定，统一领导、协调全公司生产安全事故的应急管理和应急处置工作。

1.7.2　反应迅速、运转高效

事故一旦发生，公司要立即启动应急预案，实施救援，指导现场自救，并按照规定向上级主管部门及时报告，准确传递事故信息。各级机构接到事故信息后，必须在第一时间启动应急方案。

2　应急组织体系、机构与职责

2.1　应急组织体系

公司设立生产安全事故应急领导小组，下设应急领导小组办公室。应急预案启动后，立即成立现场应急指挥部，指挥长由应急领导小组指定。其中，现场应急指挥部分为综合协调组、抢险救援组、技术方案组、配合调查组、安全保卫组、后勤保障组、媒体联络组、善后处理组，见图2-1。

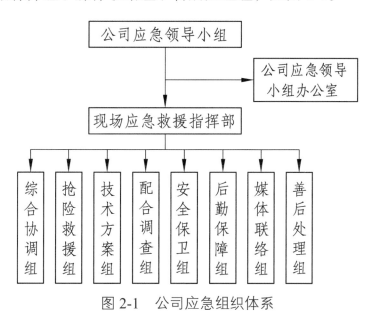

图 2-1　公司应急组织体系

2.2 公司应急组织机构与职责

2.2.1 应急领导小组机构与职责

公司设立生产安全事故应急领导小组，小组办公室设在安质环保部。

组长：党委书记、总经理

副组长：主管生产（安全）的副总经理、分管副总经理、总工程师、工会主席等公司班子成员

成员：安全生产总监、副总工程师、专职专家，党办、司办、财务部、工程部、安质环保部、科技部、成本部、物设部、法规部、宣传部、监察部、工会、社管中心等部门负责人

主要职责：

（1）总体负责公司生产安全应急的组织和指挥。

（2）下达应急预案响应启动、处置和终止指令。

（3）组织、协调和指导公司一般及以上生产安全事故的应急响应和调查。

（4）为事故调查提供专家服务和技术支持；及时、如实向地方负有安全生产监督管理职责的部门和中国中铁报告事故信息。

（5）组织开展事故应急演练、知识宣传教育。

2.2.2 现场应急救援指挥部

现场应急救援指挥部设 8 个应急工作组，详见应急组织体系图。现场应急救援以"统一指挥、职责明确、反应迅速、运转高效"为原则，制定完善救援方案和保障措施，严格组织，落实到位，防止次生灾害发生。各组相互协调，做好应急救援及保障工作，同时配合地方政府及专业救援队伍工作。现场指挥人员及各工作组负责人应当区别佩戴明显标志。应急工作组人员及职责详见附件 4。

3 应急响应

3.1 响应程序

公司应急响应基本流程和步骤如图 3-1 所示。

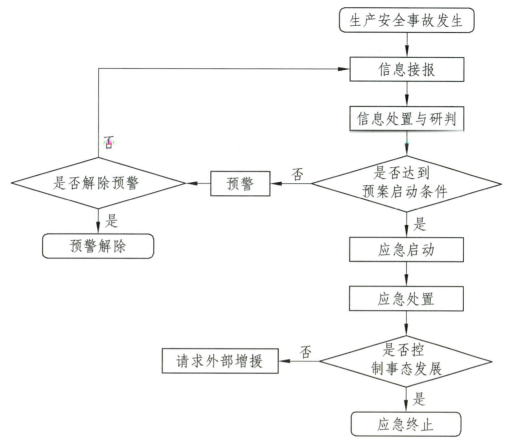

图 3-1　公司应急响应流程

3.2　信息报告

3.2.1　信息接报

公司生产安全事故应急响应领导小组办公室联系电话：

安质环保部：028-×××××××

公司调度：028-×××××××

领导小组办公室主任：159×××××××××

事故报告采用电话报告、短信报告和书面报告三种方式在规定时间内及时上报（书面报告格式见附件 5）。

3.2.2　信息研判与处置

应急领导小组接到事故报告后，根据事故性质、程度、影响范围等因素，确定响应等级，由应急领导小组组长下达预警或应急响应启动命令：

（1）未达到应急响应启动条件的，下达预警启动命令，指定专人发布预警信息，实时跟踪事态发展。

（2）达到Ⅱ级及以上应急响应启动条件时，下达应急响应命令，应急领导小组成员迅速开展应急响应工作。

3.2.3 报告程序

事故发生后，事故现场管理人员必须立即向项目经理报告；项目经理接到报告后，应当于 1 h 内向事故发生地县级以上人民政府安全生产监督管理部门和负有安全生产监督管理职责的有关部门报告；事故发生后 30 min 内报告公司安质环保部。

（1）公司内部事故报告程序：

① 项目经理部：事故现场作业人员→现场管理人员→项目安全总监、项目经理。

② 公司两级机构：项目经理和项目安全环保部负责人接到事故报告后，应立即向相应上级主管领导和主管部门负责人分别报告。

项目安全环保部负责人→子（分）公司安质环保部负责人→公司安质环保部负责人。

项目经理→子（分）公司主管生产领导→公司主管生产领导。

（2）向中国中铁报告事故程序：

公司安质环保部门、主管生产领导、主要领导核实事故信息后立即报告中国中铁股份有限公司安委会办公室（安质监督部）和主管领导、主要领导。

3.2.4 报告内容

（1）事故发生单位概况。

（2）事故发生的时间、地点以及事故现场情况。

（3）事故的简要经过。

（4）事故造成或者可能造成的伤亡人数（包括失联人员）和初步估计的直接经济损失。

（5）已经采取的措施。

（6）事故地点是否影响铁路营业线或繁华闹市区、高速公路、国道、其他重要设施安全。

（7）其他应当报告的情况。

（8）出现新情况的，应当及时补报。

3.3　预　警

3.3.1　预警启动

应急领导小组组长下达预警启动指令后，应急办公室发布预警信息，各级应急管理机构做好应急工作组人员及应急物资的准备工作。

预警信息通过电话、短信、微信、邮件等方式发布，内容包括地点、起始时间、可能影响范围、可能造成的后果、防范控制措施等。

3.3.2　预警解除

及时跟踪预警信息，判断是否解除预警。由应急领导小组宣布预警解除。

3.4　响应启动

3.4.1　响应工作内容

（1）确定现场应急处置工作要求，明确各应急工作组人员组成和任务，初步判定、调配内外应急物资。

（2）根据事态发展及处置情况，适时安排后续工作。

（3）建立各应急工作组之间的信息沟通渠道，传达相关信息，反馈落实情况。

3.4.2　信息公开

媒体联络组应严格事故现场相关信息管理、收集措施，配合政府有关部门统一发布信息，负责企业相关信息报送，任何个人不得擅自发布有关事故信息。报送内容包括：事故情况概述，响应情况及应急处置措施，需要调动的资源及资源要求。

3.5　应急处置

3.5.1　现场应急处置

（1）现场应急救援指挥部就位，组织、督促各工作组开展工作。

（2）查看、评估现场，确定救援方案，调集救援资源，开展救援工作。

（3）维护现场安全，救治受伤人员，安抚家属，定期发布信息。

（4）组织或配合事故调查。

3.5.2　扩大应急

（1）当事故未得到有效控制时，现场应急救援指挥负责人应向上级单位或地方政府提请支援帮助。

（2）事故升级，政府应急指挥机构领导赶到现场后，现场应急救援指挥部汇报事故情况、进展、风险以及影响控制事态的关键因素等。事发单位应适时移交指挥权，服从政府现场应急指挥部的指挥，内部应急处置力量全力配合救援工作。

3.6　响应终止

当遇险人员获救或收到救援结束指令，事故现场得到有效控制后，应急领导小组可决定解除应急状态，宣布应急结束。

4　后期处置

公司应急领导小组指导、督促事故后期处置相关工作。内容包括人员的补偿、安置，受伤人员的持续医疗，现场清理，废弃物和污染物处理，应急处置评估，等。具体工作由事故发生的项目经理部和子（分）公司负责。

5　应急保障

5.1　通信与信息保障

确保应急期间相关信息及时、准确、可靠地传递和有效实施指挥，依托现有的有线、无线通信系统，构成应急通信保障系统。

5.2 应急队伍保障

5.2.1 应急抢险救援队伍

（1）公司依托国家隧道应急救援中铁二局昆明队，负责公司范围内隧道救援任务。

（2）子（分）公司应根据工程规模，建立 1~2 支专兼职应急救援队伍，储备相应的救援物资、设备。

（3）项目经理部建立 1 支兼职应急队伍，储备相应的救援物资、设备。

5.2.2 应急救援专家组

公司建立应急救援专家组，根据事故或突发紧急事件应急抢险救援需要，安排专家参加事发现场的工程设施安全性鉴定、险情分析和应急救援方案、技术措施、恢复方案的研究、制定工作。其名单详见附件 6。

5.2.3 专业救援力量

涉及瓦斯施工的隧道工程，充分利用周边矿山救护资源，签订救援协议。

5.3 应急物资装备保障

公司依托各子（分）公司、区域分公司，设立应急物资、装备保障。

6 附　则

6.1 各子（分）公司负责编制本单位应急预案，项目经理部负责编制现场处置方案和应急处置卡。

6.2 本预案由应急领导小组办公室负责解释。

7 附　件

附件 1：企业概况

中铁二局下辖施工类子（分）公司 12 个、多元类子（分）公司 4 个；员工 1.9 万余人，拥有各类技术、管理人员 1.2 万余人，技能人员 7000 余人。公司拥有铁路工程、公路工程、建筑工程、市政公用工程等 4 个施工总承包特级资质以及水利水电工程施工总承包一级资质以及桥梁、隧道、公路、铁路铺轨架梁工程等专业承包资质。公司可承接建筑、公路、铁路、市政公用、港口与航道、水利水电各类别工程的施工总承包、工程总承包和项目管理业务。公司 2018 年施工生产总产值达 540 亿元。

附件 2：事故风险评估

公司主要从事建筑施工活动，属于高危行业，人员长期在野外作业，暴露于危险环境中的频繁程度较高，事故发生后易造成人员伤亡、经济损失及社会负面影响。根据《职业健康安全管理体系 要求》（GB/T 28001—2011）的要求，公司开展危险源辨识工作。按照《企业职工伤亡事故分类》（GB 6441—1986）、《生产过程危险和有害因素分类与代码》（GB/T 13861—2009）识别出公司生产经营活动中存在的危险有害因素。根据辨识结果，公司主要存在坍塌、触电、高处坠落、机械伤害、起重伤害、物体打击、爆炸、车辆伤害、火灾、火药爆炸、瓦斯爆炸、突泥涌水、中毒和窒息、淹溺等事故类型，具体如表 7-1。

表 7-1　事故风险等级评价结果

序号	可能发生的事故类型	事故风险评价			风险等级	涉及单位
		可能性等级	后果等级	风险值		
1	坍塌	4	4	16	极高	
2	火灾	3	3	9	高度	
3	高处坠落	5	2	10	高度	
4	起重伤害	4	3	12	高度	
5	物体打击	5	2	10	高度	
6	车辆伤害	2	2	4	中度	
7	机械伤害	3	2	6	中度	
8	触电	2	2	4	中度	
9	火药爆炸	2	4	8	高度	
10	瓦斯爆炸	2	5	10	高度	
11	突泥涌水	3	4	12	高度	
12	中毒窒息	3	2	6	中度	
13	淹溺	2	2	4	中度	
14	灼烫	2	1	2	低度	
15	容器爆炸	2	2	4	中度	
16	地下管线破坏	2	4	8	高度	
17	影响铁路行车	3	4	12	高度	

可能发生的 17 种事故类型中，极高风险的有 1 项，高度风险的有 9 项，中度风险的有 6 项，低度风险的有 1 项。以上风险会造成不同程度的人员伤亡和财产损失，甚至引发群体事故，严重时造成群体伤亡。

附件 3：公司应急联系方式

序 号	组织机构	组织成员	姓 名	手 机	固定电话
应急领导小组					
1	组长	党委书记（法人代表）			
		总经理			
2	副组长	党委副书记			
		主管生产（安全）副总经理			
		分管副总经理			
		总工程师			
		工会主席			
3	成员	安全生产总监			
		专职专家			
		党办			
		司办			
		财务部			
		工程部			
		安质环保部			
		科技部			
		成本部			
		物设部			
		宣传部			
		监察部			
		工会			
4	应急小组办公室	主任			
		联络员			

附件 4：应急工作组及职责

现场应急指挥部各工作组人员及主要职责如下：

1　综合协调组

组长：分管副总经理

组员：党办、司办、财务部人员

职责：

（1）按照国家有关法律法规要求，综合组织、协调抢险救援工作。

（2）启动相关保障预案，确保现场治安、医疗救援和通信畅通。

（3）调集抢险救援急需的物资、设备等。

2　抢险救援组

组长：主管生产（安全）的副总经理

组员：安全生产总监，工程部、安质环保部、物设部、科技部人员

职责：

（1）按照方案组织救援，科学合理地提出应急物资、设备、人力配备建议。

（2）组建现场救援抢险工作班组，抢救现场伤员，抢救现场物资。

（3）保证现场应急救援通道的畅通。

3　技术方案组

组长：总工程师

组员：副总工程师、专职专家，工程部人员

职责：

（1）辨识应急救援过程中的危险、有害因素，并进行安全风险评估，确定灾害现场监控量测方式。

（2）根据事故现场的特点，制定相应的应急救援技术措施和应急救援步骤，为应急救援工作提供科学、有效的技术支持。

（3）完善安全评估资料，为应急响应提供科学、准确的依据，防止发生二次伤害事故。

4　配合调查组

组长：分管副总经理

组员：副总工程师、专职专家，工程部、安质环保部、成本部人员

职责：

（1）保护事故现场，协助负有法定职责的部门对事故现场进行调查取证。

（2）协助开展对现场有关人员的约谈、调查分析事故发生的主要原因。

（3）按"四不放过"的原则对事故相关责任人提出内部处理意见。

5　安全保卫组

组长：分管副总经理

组员：司办、安质环保部人员

职责：

负责事故现场保卫，协助属地政府有关部门进行道路交通、现场警戒等。

6　后勤保障组

组长：工会主席

组员：司办、工会、财务、物设部人员

职责：

（1）负责现场抢险救援及事故调查工作人员生活保障、食宿安排等后勤服务。

（2）提供必要的办公用品、交通工具、通信工具、器材等。

7　媒体联络组

组长：党委副书记

组员：党办、宣传部人员

职责：

负责媒体接待、采访和引导工作，适时召开新闻发布会，及时通报救援信息和上报抢险救援进展情况。

8　善后处理组

组长：工会主席

组员：人力部、工会、社管中心人员

职责：

（1）做好伤亡人员及家属的接待、稳定工作。

（2）做好受伤人员医疗救护的跟踪协调工作。

（3）做好保险理赔工作和慰问伤员及家属。

附件5：生产安全事故书面报告格式

中铁二局生产安全事故快报

单位名称：中铁二局×××公司（区域公司、经理部）

事故时间	年 月 日 时 分	事故地点	
事故单位	××公司××××项目经理部（标段）		
事故现场 负 责 人	姓 名		事故单位	姓 名	
	电 话		负 责 人	电 话	
事故已死亡（失踪）人 数	死亡： 失踪：		事故重伤/轻伤 人 数	
一、事故简要经过（包含但不限于承建单位、标段、协作队伍及相关安全生产许可证等资质号，单位工程名称、事故里程、结构形式、支撑体系、隧道断面、设备型号、墩身截面和高度、梁型和梁重、事发作业环节、高处坠落位置与高度等，其他工况均应细致清晰描述）、人员伤亡类别（职工、劳务工姓名及身份证号码）、初步估计的直接经济损失、报告地方政府和建设单位时间等 二、事故现场救援采取的主要措施 三、其他情况（事发项目工程概况，事故地点是否影响铁路营业线或繁华闹市区、高速公路、国道、其他重要设施安全）				

附：事故现场照片（4张以上，能充分反映事故现场实际情况和全貌的电子版照片及说明）

附件6：公司生产安全事故应急救援专家组及联系方式

序 号	专 家	专 业	联系电话
1			
2			
3			
4			
5			
6			
7			
8			
9			
10			
11			
12			
13			
14			
15			
……			

附件7：公司应急领导小组应急工作卡

组长：党委书记、总经理			
副组长：主管生产（安全）的副总经理、分管副总经理、总工程师、工会主席等公司班子成员			
成员：安全生产总监、副总工程师、专职专家，党办、司办、财务部、工程部、安质环保部、科技部、成本部、物设部、法规部、宣传部、监察部、工会、社管中心等部门负责人			

处置程序及要点	完成情况
1. 接信息报告后，判断响应级别，启动公司应急预案	
2. 审定向中国中铁、属地政府生产安全应急管理部门的报告	
3. 安排成立现场指挥部，通知各成员参与应急行动	
4. 安排事发现场开展初期处置（警戒、疏散、抢险等）	
5. 赶赴现场，确定抢险方案，指挥、协调现场抢险工作	
6. 调动公司抢险队伍、抢险物资等资源	
7. 根据现场事态发展，决定是否启动应急救援联动机制	
8. 配合地方应急、环保、公安、行政主管等部门开展应急工作	
9. 负责收集救援信息、关注舆情，审定对外发布信息，并及时反馈	
10. 应急处置结束后，宣布应急状态解除	

单位/部门	姓　名	职　务	联系电话
公司主管生产副总经理			
公司安质环保部			
公司工程部			
中国中铁安全质量监督管理部			
四川省应急管理厅			

注意事项：

1. 保障救援人员自身安全。

2. 最大限度地抢救伤员。

3. 防止次生灾害和事态扩大。

中国中铁

中铁二局第三工程有限公司

YJ/ZTEJ-3-JT-2019

YJ

生产安全事故应急预案

2019 年 3 月

中铁二局第三工程有限公司

批准页

  《中铁二局第三工程有限公司生产安全事故应急预案》是中铁二局第三工程有限公司为保护员工、相关方、群众的生命财产和环境安全，减少财产损失，维护公司声誉和社会形象而制定的企业内部规范性文件，是《中铁二局集团有限公司生产安全事故应急预案》的支持性文件。本预案阐述了其适用范围、响应分级，明确了应急组织机构与职责、应急响应、应急处置原则、应急保障等相关要求，应用于中铁二局第三工程有限公司生产安全事故的应急救援与处置。

  《中铁二局第三工程有限公司生产安全事故应急预案》经公司安全生产委员会审议通过，现正式发布。

总经理：

年 月 日

1 总 则

1.1 编制目的

规范中铁二局第三工程有限公司（以下简称三公司）生产安全事故的应急处置，提升公司应急处置能力，最大限度地减少事故造成的人员伤亡、财产损失和对环境产生的不利影响。

1.2 适用范围

本应急预案适用于三公司及所属项目发生的生产安全事故应急处置。

1.3 应急预案体系

三公司生产安全事故应急预案体系包括本级生产安全事故应急预案和所属项目生产安全事故应急处置方案、应急处置卡。

1.4 预案衔接

三公司本部应急预案需与成都市政府安全生产应急预案有效衔接，所属项目部预案要与所在地县级人民政府应急预案进行衔接，同时与上级单位预案衔接。具体衔接关系如表 1-1：

表 1-1　相关单位应急预案衔接关系

衔接	单位名称	预案名称
外部	成都市政府	《成都市安全生产事故灾难应急预案》
	所属项目所在地县级人民政府	所在地人民政府《××市（县）安全生产事故应急预案》
	项目就近的国家隧道救援队	《××国家隧道救援队应急预案》
	项目就近的矿山救护队	《××矿山救护队应急预案》
内部	中铁二局集团有限公司	《中铁二局集团有限公司生产安全事故应急预案》
	各项目	生产安全事故现场处置方案

1.5 应急指挥原则

应急工作坚持"统一指挥、职责明确、反应迅速、运转高效"的原则。

1.5.1 统一指挥、职责明确

三公司按照本应急预案及相关文件规定，统一领导、协调全公司生产安全事故的应急管理和应急处置工作。公司本部各部门要认真履行安全生产责任职责，按照各自权限，负责生产安全事故的现场应急处置工作。

1.5.2 反应迅速、运转高效

事故一旦发生，公司要立即启动应急预案，实施救援，充分发挥现场自救作用，并按照规定向上级主管部门、地方政府相关部门及时报告，准确传递事故信息。

2 事故风险描述

三公司主要从事建筑施工活动，施工的在建项目主要涉及房屋建筑、公路、市政、轨道交通、铁路、隧道、机电安装等。根据近年来运行情况，公司进行了安全风险分析和评价。可能发生的生产安全事故主要有坍塌、火灾、高处坠落、起重伤害、物体打击、机械伤害、触电、放炮、瓦斯爆炸、突泥涌水、中毒窒息、地下管线破坏、灼烫等。

由分析评估结果可以看出，当前三公司业务范围可能发生的事故类型有 13 种，极高风险的 1 项、高度风险的 5 项，高度以上风险占比 46%。以上风险一旦失控，将会造成严重人员伤亡和财产损失，甚至引发群体伤亡事故。三公司生产安全事故风险分析及评估结果详见附件 2。

3 应急组织体系、机构与职责

3.1 应急组织体系

三公司应急组织机构由公司应急领导小组、应急领导小组办公室组成。应急预案启动后，公司立即成立现场应急指挥部。现场应急指挥部成立后，项目部应急组织立即纳入公司现场应急指挥部组织指挥体系。三公司应急组织体系见图3-1。

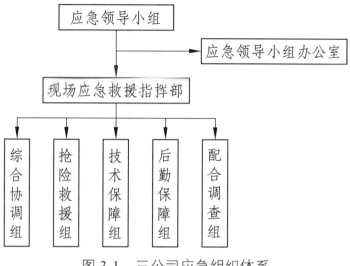

图3-1 三公司应急组织体系

3.2 应急组织机构与职责

3.2.1 应急领导小组与职责

三公司设立生产安全事故应急领导小组，小组办公室设在公司安质环保部。应急领导小组及办公室联系方式见附件3。

组长：总经理、党委书记

副组长：党委副书记（纪委书记）、主管生产（安全）的副总经理、其他副总经理（项目包保领导）、总工程师、工会主席等公司领导

成员：安全生产总监、副总工程师、专职专家，党工部、司办（保卫部）、财务部、工程部、安质环保部、科技部、成本部、物设部、法律合规部、纪委（监察部）、工会、社管中心等部门负责人

主要职责：

（1）总体负责公司生产安全应急的组织领导和指挥。

（2）下达应急预案响应启动、处置和终止指令。

（3）组织、协调和指导项目部一般及以上生产事故的应急响应。

（4）为事故调查提供专家服务和技术支持。

（5）及时、如实地向地方负有安全生产监督管理职责的部门和中铁二局集

团有限公司报告事故信息。

（6）组织开展事故应急演练、知识宣传教育。

3.2.2　现场应急指挥部与职责

应急预案启动后，立即成立现场应急指挥部，应急领导小组组长任现场应急指挥部指挥长，主管生产（安全）副总经理、总工程师任副指挥长。现场应急指挥部设立5个工作组，即综合协调组、抢险救援组、技术保障组、后勤保障组、配合调查组。现场应急指挥部各工作组联系方式见附件4。

（1）综合协调组。

组长：党委副书记（纪委书记）

成员：安全生产总监，党群工作部、办公室、法律合规部、工会、社管中心等部门人员

主要职责：

① 组织协调公共关系、善后处理、信息传递工作。

② 负责事故现场保卫，确保医疗救援、交通和通信畅通。

③ 负责媒体接待、采访和引导工作，及时通报救援信息和上报抢险救援进展情况。

④ 做好伤亡人员及家属的接待、稳定工作。

（2）抢险救援组。

组长：副总工程师（工程部长）

成员：专职专家，工程部、安质环保部、物设部等部门人员

主要职责：

① 按照方案组织救援，科学合理地提出应急物资、设备、人力配备建议。

② 组建现场救援抢险工作班组，抢救现场伤员及物资。

③ 保证现场应急救援通道的畅通。

（3）技术保障组。

组长：总工程师

成员：副总工程师、专职专家，工程部、科技部等部门人员

主要职责：

① 辨识应急救援过程中的危险、有害因素，并进行安全风险评估，确定灾害现场监控量测方式。

② 根据事故现场的特点，制定相应的应急救援技术措施和应急救援步骤，为应急救援工作提供科学、有效的技术支持。

③ 进行安全风险评估，为应急响应提供科学、准确的依据，防止发生二次伤害事故。

（4）后勤保障组。

组长：工会主席

成员：办公室、财务部、物设部、成本部等部门人员

主要职责：

① 负责现场抢险救援及事故调查工作人员生活保障、食宿安排等后勤服务。

② 提供必要的办公用品、交通工具、通信工具、器材等。

③ 调集抢险救援急需的物资、设备等。

（5）配合调查组。

组长：副总经理（项目包保领导）

成员：纪委（监察部）、工程部、安质环保部、物设部、成本部等部门人员

主要职责：

① 保护事故现场，协助负有法定职责的部门对事故现场进行调查取证。

② 协助开展对现场有关人员的约谈、调查了解事故发生的主要原因。

③ 按"四不放过"的原则对事故相关责任人提出内部处理意见。

4 应急响应

4.1 信息报告

事故信息报告的内容主要包含以下信息：事故发生时间、地点、简要经过、事故类型、现场情况、严重程度、人员伤亡情况、已经采取的处置措施等。信息报告书面格式见附件5。

4.1.1 信息接报

（1）三公司信息接收部门设在应急领导小组办公室及公司调度，设立值班电话。

应急领导小组办公室：028-×××××××

公司调度：028-×××××××

应急领导小组办公室主任：138×××××××

（2）接报后，接报人员应立即报告应急领导小组办公主任，应急领导小组及时研判，接报后1h内以电话、短信、书面报告等形式上报中铁二局集团有限公司安全生产应急办公室、工程项目所在地人民政府应急管理部门。

4.1.2　信息研判与处置

三公司应急领导小组接到事故报告后，根据响应分级标准判定并采取如下处置措施。

（1）若达到Ⅳ级（项目经理部级）启动条件，则由项目经理部负责处置，并按预警规定进行应急响应准备。

（2）若达到Ⅲ级（三公司级）启动条件，则由三公司应急领导小组组长宣布启动三公司应急响应，迅速开展应急响应工作，科学处置。

（3）若达到Ⅱ级及以上（中铁二局、中国中铁级）启动条件，则由三公司应急领导小组组长宣布启动三公司应急响应，并报告中铁二局集团有限公司应急领导小组办公室。

4.2　预　警

4.2.1　预警启动

应急领导小组组长下达预警启动指令后，应急办公室发布预警信息，各级应急管理机构做好应急工作组人员及应急物资的准备工作。

预警信息通过电话、短信、微信、邮件等方式发布，内容包括地点、起始时间、可能影响范围、可能造成的后果、防范控制措施等。

4.2.2　预警解除

及时跟踪预警信息，判断是否解除预警。由公司应急领导小组宣布预警解除。

4.3　应急响应

根据发生事故等级、经济损失等因素划分，按中铁二局集团有限公司应急响应分级标准，三公司应急响应级别分为Ⅰ级、Ⅱ级、Ⅲ级、Ⅳ级，同时明确了响应分级、响应程序、应急处置、扩大应急以及应急终止等事宜。

4.3.1 响应分级

三公司应急响应分为4个层级。具体分级情况及响应启动条件见表4-1：

表4-1 应急响应分级

序号	响应分级	启动条件（下列情况之一）	响应人员	响应内容
1	Ⅰ级响应中国中铁级（扩大应急）	1. 初判可能造成3人以上死亡的事故。 2. 初判可能造成重伤10人及以上的事故。 3. 初判可能发生直接经济损失大于500万元的事故	三公司应急领导小组	三公司应急领导小组向中铁二局集团有限公司请求支援；响应中铁二局集团有限公司等上级单位应急指令
2	Ⅱ级响应中铁二局级（扩大响应）	1. 造成或可能造成1人以上死亡的事故。 2. 造成重伤3人及以上的事故。 3. 初判可能发生直接经济损失50万～500万元（不含）的事故。 4. 发生火灾、爆炸等无人员伤亡，但社会影响大的事故	三公司应急领导小组	三公司应急领导小组向中铁二局集团有限公司请求支援；响应中铁二局集团有限公司应急指令
3	Ⅲ级响应三公司级（启动应急响应）	1. 发生重伤1～2人的事故。 2. 初判可能发生直接经济损失20万～50万元（不含）的事故。 3. 营业线施工及施工破坏管线，造成较大影响的事故。 4. 无人员伤亡，但有一定社会影响的险性事故（事件）：	分管领导、安质环保部、工程管理部部长及相关人员	三公司应急领导小组下达指令；三公司现场应急指挥部响应

序号	响应分级	启动条件（下列情况之一）	响应人员	响应内容
3	Ⅲ级响应三公司级（启动应急响应）	（1）桥梁搬运机、提梁机、运梁车、架桥机、大型龙门吊、盾构机等大型机械设备险性事故。 （2）移动模架、桥梁施工挂篮、满堂支架等大型临时设施险性事故。 （3）开挖深度大于 5 m（含）的基坑坍塌险性事故。 （4）隧道施工坍塌长度大于 5 m（含）的事故。 （5）其他影响大，损失严重的险性事故	分管领导、安质环保部、工程管理部部长及相关人员	三公司应急领导小组下达指令；三公司现场应急指挥部响应
4	Ⅳ级响应项目经理部级	1. 初判可能造成轻伤的事故。 2. 初判可能发生直接经济损失小于20万元的事故。 3. 无人员伤亡，具有社会影响的险性事故（事件）： （1）开挖深度小于 5 m 的基坑坍塌险性事故。 （2）隧道施工坍塌长度小于 5 m 的事故。 （3）其他影响较大、损失较重的险性事故	项目部领导班子、生产管理部门负责人	启动项目经理部对应的现场处置方案

4.3.2　响应程序

三公司事故应急响应基本流程和步骤如图 4-1 所示：

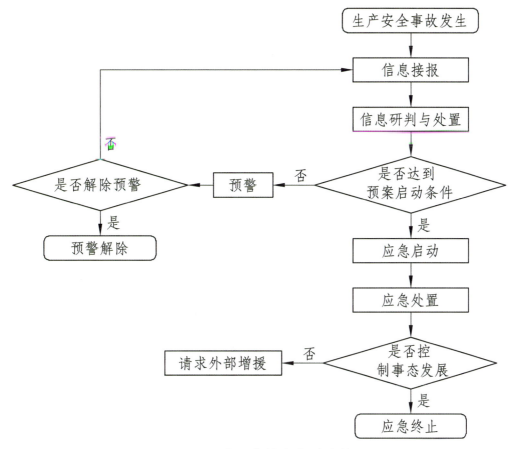

图 4-1　三公司事故应急响应流程

4.3.3　响应内容

应急响应启动后，应急领导小组应立即召开会议，根据事态情况，及时明确以下事宜：

（1）根据事故初步信息，判断响应级别，按分级响应原则响应。

（2）组建现场应急指挥部，明确工作人员组成和任务分工，建立各工作组之间信息沟通渠道。

（3）明确现场应急处置要求，项目部采取先期处置措施。

（4）根据初步掌握的事故情况，协调、调配需要的内外部资源。

（5）根据事态发展及处置情况，及时妥善安排后续工作。

4.4　信息公开

综合协调组、公司办公室应严格事故现场相关信息管理、收集措施，配合政府有关部门统一发布信息，负责企业相关信息报送，任何个人不得擅自发布有关事故信息。报送内容包括：事故情况概述，时间、地点，应急情况及应急处置措施，需要调动的资源及资源要求。

4.5 应急处置

现场应急处置遵循"科学救援"原则，防止次生灾害发生。现场指挥人员及各工作组负责人应当区别佩戴明显标志。

4.5.1 先期处置

在紧急情况下，现场管理人员和班组长为事发现场处置责任人，应停工撤人并上报；同时现场人员应全力控制事故态势，防止次生、衍生灾害连锁反应。

4.5.2 现场应急处置

（1）项目部接到紧急信息报告后，项目经理或项目其他负责人为事故现场应急处置责任人，应立即赶赴现场，判明情况，下达处置方案启动命令并上报。

（2）三公司启动应急预案，成立现场指挥部，赶赴现场组织开展应急救援相关工作。

4.5.3 现场应急处置注意事项

现场处置按照具体的现场处置方案进行。参与事故抢救的部门和人员服从统一指挥，按照职责分工，加强沟通协调，采取有效的应急救援措施，防止事故扩大和次生灾害发生，减少人员伤亡和财产损失。同时注意以下事项：

（1）事故发生后，应根据事故救援的需要，及时采取对有关场所进行警戒、疏散人群等措施，防止事故进一步扩大和次生灾害发生。

（2）现场应急指挥负责人和应急救援人员首先对事故情况进行初始评估，初步分析事故的范围和扩展的可能性。

（3）应急救援过程中，应急救援人员必须正确佩戴个人防护器具，不得轻易摘取；救援时，指挥人员、应急救援人员应密切关注现场安全环境的变化，及时采取处置措施。

（4）有限空间等特殊环境救援，在应急处置过程中，应充分考虑自救器有效使用时间和人员撤离时间，决定撤离或是进入临时避灾场所。严禁救护人员在不佩戴呼吸器的情况下进入通风不畅的灾区抢险救灾。

（5）应急救援结束后，所有人员必须立即撤离现场，远离事发地点，做好人员清点。

（6）事故现场处置措施，见《项目生产安全事故应急处置方案》。

4.5.4 扩大应急

（1）因事故救援需要国家隧道救援队或矿山救护队等专业队伍支援时，现场应急救援指挥负责人应及时联系，请求支援。

（2）当事故未得到有效控制，达到Ⅱ级及以上响应启动条件时，立即申请扩大响应，向上级单位或地方政府提请支援帮助，并在外部救援力量达到现场后，适时将现场指挥权移交，公司现场应急处置力量全力做好配合救援工作。

4.6 响应终止

当遇险人员获救，事故现场得到有效控制，接收到地方政府救援结束指令后，由应急领导小组组长宣布解除应急状态，应急结束。

5 后期处置

后期处置工作由应急领导小组办公室督促相关部门和项目部做好受伤人员的补偿、安置、持续医疗以及现场清理、废弃物和污染物处理等工作。

现场应急指挥部对应急处置情况进行综合评估，符合救援终止条件后，宣布救援行动结束。经相关机构确认现场安全生产条件达标后，项目恢复正常生产。

6 应急保障

6.1 通信保障

依托现有的有线、无线通信系统，构成应急通信保障系统，确保应急期间相关信息及时、准确、可靠地传递和有效实施指挥。

6.2 应急队伍保障

6.2.1 应急抢险救援队伍

（1）项目经理部根据项目施工内容和工程特点，建立1~2支兼职应急队伍，储备相应的救援物资、设备。

（2）三公司根据本单位专业特长，建立1~2支兼职应急救援队伍，储备相应的救援物资、设备。

6.2.2 专家咨询力量

（1）三公司目前有房建、隧道、机电等方面专家，为应急工作提供技术支持。专家名单见附件6。

（2）三公司在自有专家组不能满足需要的情况下，可申请中铁二局集团有限公司安排专家参加事发现场的工程设施安全性鉴定、险情分析和应急救援方案、技术措施、恢复方案的研究、制定工作。

6.2.3 专业救援力量

涉及瓦斯施工的隧道工程，要充分利用周边矿山救护资源，签订救援协议。

6.3 应急物资装备保障

三公司本部配备救援指挥车、中型客车、商务车各一辆，保障日常应急工作需要。根据公司生产经营特点，应急物资和装备的保障主要依托工程项目，项目部要分类配备适量的应急物资和设备，明确数量、性能、存放位置，定期进行检查维护，以保障应急救援调用。必要时，可调用三公司所属其他项目应急物资，以及向中铁二局集团有限公司申请物资支援。

6.4 其他保障

根据应急工作需要，按照现场应急指挥部要求，确保交通运输、治安、技术、医疗、后勤、经费等到位。

7 附 件

附件 1：企业概况

中铁二局第三工程有限公司是中铁二局旗下业态最为丰富、资质最为齐全的综合性了公司，业务涵盖工程施工、物流仓储、物业管理、工程检测、爆破服务等，主营业务有房建、市政、公路、铁路、城市轨道、机电安装、水利工程施工及工程爆破、地质灾害治理等。

三公司注册资本 2.0 亿，资产总额 31.7 亿，现有员工 1700 多人，其中各类技术人员 600 余人；拥有大型机械、检测设备 400 多台，年生产能力在 60 亿元以上。

附件 2：事故风险分析及评估

三公司主要从事建筑施工活动，属于高危行业，人员长期在野外作业，暴露于危险环境中的频繁程度较高，事故发生后造成的伤亡人数较多、经济损失严重、社会负面影响大。根据《职业健康安全管理体系　要求》（GB/T 28001—2011）要求，开展危险源辨识工作。按照《企业职工伤亡事故分类》（GB 6411—1986）、《生产过程危险和有害因素分类与代码》（GB/T 13861—2009）识别出公司生产经营活动中存在的危险有害因素。

通过采用风险矩阵评价法对三公司进行安全风险识别与评估，共识别出 13 种当前公司业务范围内可能发生的事故类型，分别为坍塌、火灾、高处坠落、起重伤害、物体打击、机械伤害、触电、放炮、瓦斯爆炸、突泥涌水、中毒窒息、地下管线破坏、灼烫。事故风险评估结果见表 7-1。由分析评估结果可看出，极高风险的 1 项、高度风险的 5 项、中度风险的 6 项、低度风险的 1 项。高度及以上风险占比 46%，中度及以下风险占比 54%，公司建筑施工活动，安全风险较高。

表 7-1 事故风险评估结果

序号	可能发生的事故类型	事故风险评价			风险等级
		可能性等级	后果等级	风险值	
1	坍塌	4	4	16	极高
2	火灾	3	3	9	高度
3	高处坠落	5	2	10	高度
4	起重伤害	4	3	12	高度
5	物体打击	5	1	5	中度
6	机械伤害	3	1	3	中度
7	触电	2	2	4	中度
8	放炮	2	3	6	中度
9	瓦斯爆炸	2	5	10	高度
10	突泥涌水	3	4	12	高度
11	中毒窒息	3	2	6	中度
12	地下管线破坏	2	3	6	中度
13	灼烫	2	1	2	低度

附件3：三公司应急领导小组及应急办公室联系方式

应急领导小组				
职 务	姓 名	电 话	手 机	备 注
组 长	×××			总经理
	×××			党委书记
副组长	×××			党委副书记（纪委书记）
	×××			主管生产（安全）的副总经理
	×××			其他副总经理（项目包保领导）
	×××			总工程师
	×××			工会主席
成 员	×××			副总工程师
	×××			安全生产总监
	×××			专职专家
	×××			各部门负责人
	×××			
	×××			
	……			

应急办公室				
职 务	姓 名	电 话	手 机	备 注
主 任	×××			安质环保部门负责人
调 度	×××			调度负责人
成 员	×××			安质环保部成员
	×××			

附件 4：现场应急指挥部工作组联系方式

\multicolumn{5}{c}{现场应急指挥部联系方式}
职 务	姓 名	电 话	手 机	备 注
指挥长	×××			总经理或党委书记
副指挥长	×××			主管生产（安全）副总经理
	×××			总工程师
成 员	×××			综合协调组组长
	×××			抢险救援组组长
	×××			技术保障组组长
	×××			后勤保障组组长
	×××			配合调查组组长

\multicolumn{5}{c}{现场应急指挥部工作组——综合协调组}
职 务	姓 名	电 话	手 机	备 注
组 长	×××			党委副书记（纪委书记）
成 员	×××			安全生产总监
	×××			党群工作部
	×××			办公室
	×××			法规部
	×××			工会
	×××			社管中心

\multicolumn{5}{c}{现场应急指挥部工作组——抢险救援组}
职 务	姓 名	电 话	手 机	备 注
组 长	×××			副总工程师（工程部长）
成 员	×××			专职专家
	×××			工程部
	×××			安质环保部
	×××			物设部

现场应急指挥部工作组——技术保障组				
职 务	姓 名	电 话	手 机	备 注
组 长	×××			总工程师
成 员	×××			副总工程师
	×××			专职专家
	×××			工程部
	×××			科技部

现场应急指挥部工作组——后勤保障组				
职 务	姓 名	电 话	手 机	备 注
组 长	×××			工会主席
成 员	×××			办公室
	×××			财务会计部
	×××			物设部
	×××			成本部

现场应急指挥部工作组——配合调查组				
职 务	姓 名	电 话	手 机	备 注
组 长	×××			副总经理 （包保领导）
成 员	×××			纪委（监察部）
	×××			工程部
	×××			安质环保部
	×××			成本部
	×××			物设部

附件5：中铁二局第三工程有限公司事故应急信息快报

单位名称：中铁二局第三工程有限公司×××项目经理部

事故时间	年　月　日　时　分	事故地点		
事故单位	××公司××××项目经理部（标段）			
事故现场负责人	姓　名		事故单位负责人	姓　名	
	电　话			电　话	
事故已死亡（失踪）人　数	死亡： 失踪：		事故重伤/轻伤人　数		
一、事故简要经过（包含但不限于承建单位、标段、协作队伍及相关安全生产许可证等资质号，单位工程名称、事故里程、结构形式、支撑体系、隧道断面、设备型号、墩身截面和高度、梁型和梁重、事发作业环节、高处坠落位置与高度等，其他工况均应细致清晰描述）、人员伤亡类别（职工、劳务工姓名及身份证号码）、初步估计的直接经济损失、报告地方政府和建设单位时间等 二、事故现场救援采取的主要措施 三、其他情况（事发项目工程概况，事故地点是否影响铁路营业线或繁华闹市区、高速公路、国道、其他重要设施安全）					

附：事故现场照片（4张以上，能充分反映事故现场实际情况和全貌的电子版照片及说明）

附件 6：三公司专职专家名单

序　号	姓　　名	专业类别	等　　级	电　　话	备　注
1					
2					
3					
4					
5					
6					

附件 7：三公司生产安全事故应急工作卡

组长：总经理、党委书记			
副组长：党委副书记（纪委书记）、主管生产（安全）的副总经理、其他副总经理（项目包保领导）、总工程师、工会主席等公司领导			
成员：安全生产总监、副总工程师、专职专家，党工部、司办（保卫部）、财务部、工程部、安质环保部、科技部、成本部、物设部、法律合规部、纪委（监察部）、工会、社管中心等部门负责人			

处置程序及要点	完成情况
1. 接信息报告后，判断响应级别，启动公司应急预案	
2. 审定向中铁二局、属地政府生产安全应急管理部门的报告	
3. 安排成立现场指挥部，通知各成员参与应急行动	
4. 安排事发现场开展初期处置（警戒、疏散、抢险等）	
5. 赶赴现场，确定抢险方案，指挥、协调现场抢险工作	
6. 调动公司抢险队伍、抢险物资等资源	
7. 根据现场事态发展，决定是否启动应急救援联动机制	
8. 配合地方应急、安监、环保等部门开展应急工作	
9. 负责收集救援信息、关注舆情，审定对外发布信息，并及时反馈	
10. 应急处置结束后，宣布应急状态解除	

单位/部门	姓　名	职　务	联系电话
公司分管生产副总经理			
公司安质环保部			
公司工程部			
中铁二局集团有限公司安质环保部			
成都市建设工程施工安全监督站			

注意事项：

1. 保障救援人员自身安全。

2. 最大限度地抢救伤员。

3. 防止次生灾害和事态扩大。

YJ

中铁二局成兰铁路项目

YJ/ZTEJ-CLTL-2019

云屯堡隧道工程
生产安全事故现场处置方案

2019 年 3 月

中铁二局成兰铁路项目部

批准页

  《中铁二局成兰铁路云屯堡隧道工程生产安全事故现场处置方案》是中铁二局成兰铁路项目为保护员工生命安全，减少财产损失，确保事故发生时快速反应、妥善处置而制定的公司内部规范性文件。

  本处置方案是在开展事故风险分析和应急资源调查的基础上，针对具体的作业场所或设备设施制定的工作方案。本方案明确了隧道工程出现不可接受风险事件时，项目应急组织机构与职责、应急响应、应急处置原则、应急保障等相关要求，适用于隧道工程坍塌、瓦斯爆炸、突泥涌水及火灾现场处置工作。

  《中铁二局成兰铁路云屯堡隧道工程生产安全事故现场处置方案》经中铁二局成兰铁路项目安全生产领导小组批准，现正式实施。

项目经理：

年 月 日

1 事故风险分析

云屯堡隧道风险评估采用风险矩阵评价法，对生产作业过程中存在的主要风险类型进行了评价。在可能导致的 11 种事故类型中，蓝色风险 4 项，黄色风险 3 项，橙色风险 3 项，红色风险 1 项，其中高风险及极高风险见表 1-1。

表 1-1 云屯堡隧道高风险及极高风险分析

序号	事故类型	易发区域、影响范围	事故原因	风险等级	事故征兆	可能引发的次生衍生事故
1	坍塌	洞口边坡；开挖作业面；初支、二衬未施作区域	在施工过程中未严格按照既定方案施工，隧道支护的材料数量、质量、方式等不能满足设计要求；隧道开挖过程中初支、二衬不及时，安全步距超标	红色（不可接受）	围岩变形速度或数据值超过允许值；喷射混凝土产生纵横向的裂纹；拱顶或拱壁间断掉块或构件支撑间隙不断变大、张开；岩层的节理缝或裂隙变大张开；围岩发生异响声或局部少量渗水	透水事故冒顶片帮物体打击窒息淹溺洞口边坡泥石流
2	瓦斯爆炸（突出、火灾）	开挖作业面；通风不良区域	瓦斯隧道开挖过程中，超前预报不到位，瓦斯检测不到位，隧道通风不到位，火源管控不到位	橙色（控制后可接受风险）	感觉到附近空气有颤动和流动的现象，时有唑唑的空气流动声；气体检测、监测数据异常；钻孔时有顶钻、夹钻、顶水、喷孔动力现象，有风流逆转、闷雷声、煤爆声、煤壁外鼓、开挖面瓦斯异常；瓦斯积聚、有火源出现，发现雾气；人体有不适感等	坍塌中毒窒息

序号	事故类型	易发区域、影响范围	事故原因	风险等级	事故征兆	可能引发的次生衍生事故
3	突泥涌水	穿越富水、承压水区域	隧道穿越岩溶地质，超前地质预报错误；石质松软、地质不良、降水效果差	橙色（控制后可接受风险）	涌水量增大；局部渗水量增加；涌水水质变化且带泥	淹溺坍塌
4	火灾	易燃易爆品区、电气设备使用场所、动火作业处	隧道内违规存放大量可燃的原辅料，对火源管控不严或者电气故障	橙色（控制后可接受风险）	钢筋防水板台架堆放大量防水板或土工布；焊接作业违规动火；电气设备线路老化、短路；携带火源	中毒和窒息

2 事故响应

根据事故信息、初步原因分析、人员伤亡情况、经济损失和社会影响范围等因素划分，应急响应级别分为Ⅰ~Ⅳ级，项目部负责第Ⅳ级应急响应工作，配合Ⅰ、Ⅱ、Ⅲ级响应工作。响应分级、启动条件如表2-1。

表2-1 响应分级

序号	响应分级	启动条件（下列情况之一）	响应部门及相关应急人员	响应内容
1	Ⅰ级中国中铁	（1）初判可能造成或导致死亡3人，或重伤10人以上的事故。（2）初判可能发生直接经济损失≥500万元的事故	中国中铁：领导及相关人员中铁二局：公司主要领导、分管领导、工会主席、安全总监，公司办公室、安质环保部、工程管理部、人力资源部、宣传部、工会等负责人及相关人员	向中国中铁请求支援，必要时可请求国家隧道救援队支援；接受中国中铁下达的各项指令，并响应

序号	响应分级	启动条件（下列情况之一）	响应部门及相关应急人员	响应内容
1	Ⅰ级中国中铁		子公司：主要领导、分管领导、工会主席、安全总监，安质环保部、工程管理部、人力资源部、宣传部、工会等负责人及相关人员 区域公司：主要领导、监管领导、工程部长及相关人员	
2	Ⅱ级中铁二局	（1）初判可能造成或导致发生死亡1～2人，或重伤3～9人的事故。 （2）初判可能发生直接经济损失50万～500万元（不含）的事故	中铁二局：公司分管领导、工会主席、安全总监，安质环保部、工程管理部、宣传部、工会等负责人及相关人员 子公司：主要领导、分管领导、工会主席、安全总监，安质环保部、工程管理部、宣传部、工会等负责人及相关人员 区域公司：主要领导、监管领导、工程部长及相关人员	中铁二局应急领导小组下达指令；中铁二局应急工作组响应；必要时可请求国家隧道救援队支援
3	Ⅲ级子分公司、区域公司	（1）初判可能造成或导致发生重伤1～2人的事故。 （2）初判可能发生直接经济损失20万～50万元（不含）的事故。 （3）营业线施工及施工破坏管线，造成较大影响的事故。	子分公司：分管领导、安质环保部、工程管理部部长及相关人员 区域公司：监管领导、工程部长及相关人员	向中铁二局请求支援，接受中铁二局下达的各项指令，并响应

序号	响应分级	启动条件（下列情况之一）	响应部门及相关应急人员	响应内容
3	Ⅲ级子分公司、区域公司	（4）无人员伤亡，但社会影响较大的险性事故（事件）： ①桥梁搬运机、提梁机、运梁车、架桥机、大型龙门吊、盾构机等大型机械设备险性事故。 ②移动模架、桥梁施工挂篮、满堂支架等大型临时设施险性事故。 ③开挖深度大于5m（含）的基坑坍塌险性事故。 ④隧道施工坍塌长度大于5m（含）的事故。 ⑤其他影响大，损失严重的险性事故		
4	Ⅳ级项目经理部	（1）初判可能造成轻伤的事故。 （2）初判可能发生直接经济损失小于20万元的事故。 （3）隧道施工坍塌长度小于5m的事故。 （4）其他影响较大，损失较重的险性事故	项目经理部：领导班子、职能部门及相关人员	向中铁二局××子（分）公司请求支援，接受中铁二局××子（分）公司下达的各项指令，并响应

3 应急工作职责

3.1 应急组织机构

项目经理部设立应急小组，生产安全事故发生后，成立项目应急指挥部，并下设 5 个功能组见图 3-1。

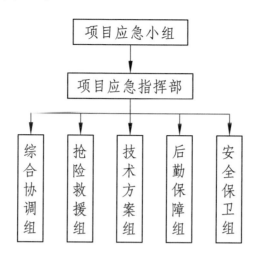

图 3-1 项目应急组织机构

组长：项目经理、项目书记

副组长：项目副经理、项目总工程师、项目安全总监

成员：项目其他领导班子成员、各职能部门负责人

主要职责：

（1）启动应急预案，调配应急资源等。

（2）按照应急响应分级和程序，向上级和属地政府部门报告事故情况。

（3）接受上级应急指挥中心的领导，落实指令。

（4）指挥现场应急人员开展应急救援，采取有效措施防止事故扩大，并保护事故现场。

（5）配合事故调查，做好善后处置工作。

3.2 应急小组

组长（项目经理）职责：

（1）组织应急队伍迅速到达事故现场，指挥现场人员开展应急救援。

（2）采取有效措施防止事故扩大，最大限度减少人员伤亡和财产损失。

（3）保护好事故现场，并及时向当地政府部门和上级报告事故情况。

组长（项目书记）职责：

（1）负责媒体接待、采访和引导工作，配合上级单位发布相关信息。

（2）做好伤亡人员及家属的接待、稳定工作。

（3）做好保险理赔工作。

副组长（项目副经理）职责：

（1）组织实施现场应急救援。

（2）及时向组长汇报事件发生和发展信息，尤其是异常信息。

（3）保障现场交通。

副组长（项目总工程师）职责：

（1）对应急救援进行安全风险评估。

（2）制定应急救援技术措施。

副组长（项目安全总监）职责：

（1）调查分析事故发生的初步原因。

（2）协助相关机构调查取证。

（3）协助相关机构人员的约谈。

3.3 应急岗位职责

3.3.1 综合协调组

组长（项目书记）职责：

（1）负责信息传递。

（2）负责媒体接待、采访和引导工作，配合上级单位发布相关信息。

（3）做好受伤人员救护及家属的接待、稳定工作。

（4）做好保险理赔工作。

3.3.2 抢险救援组

组长（项目副经理）职责：

（1）采取措施防止次生灾害、保护伤员。

（2）按照方案组织救援，科学合理地提出应急物资、设备、人力配备建议。

（3）抢救现场伤员、设备及物资。

（4）必要时配合外部救援工作。

3.3.3 技术方案组

组长（项目总工程师）职责：

（1）辨识应急救援过程中的危险、有害因素，并进行安全风险评估。

（2）制定应急救援技术措施和救援步骤，指导救援。

（3）确定灾害现场监控量测方式，组织开展现场监控量测。

（4）协助开展对现场有关人员的约谈、调查了解事故发生的原因，并配合上级单位调查事故原因。

3.3.4 后勤保障组

组长（项目书记）职责：

（1）负责现场抢险救援及事故调查工作人员生活保障、食宿安排等后勤服务；提供必要的办公用品、交通工具、通信工具、器材等。

（2）协助属地政府有关部门进行交通疏解。

（3）调配抢险救援急需的物资、设备等。

3.3.5 安全保卫组

组长（安全总监）职责：

（1）保证现场应急救援通道的畅通。

（2）做好现场保卫、警戒工作。

（3）动态关注现场情况，防止发生二次伤害事故。

（4）依据拟定技术措施和救援步骤，指导救援。

4 应急处置

4.1 事故应急响应程序

事故应急响应流程见图 4-1。

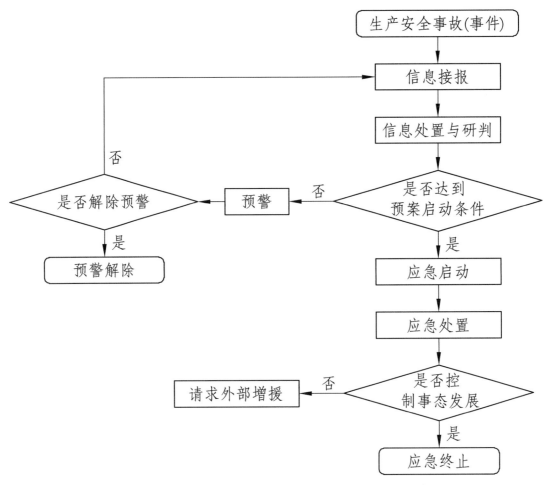

图 4-1　项目应急响应流程

4.2　现场处置措施

4.2.1　现场应急处置步骤及内容

（1）事故发生后，事故现场人员应立即疏散、撤离，并采取自救、互救措施。

（2）现场人员第一时间通知项目经理。

（3）项目经理或其他负责人立即赶赴现场，查看事故情况及伤损情况。

（4）判明情况，下达处置方案启动命令并上报。

（5）确定方案，开展救援和伤员救护。

（6）救援终止。

（7）开展事故调查及处理。

4.2.2 应急处置措施

4.2.2.1 隧道坍塌事故现场应急处置措施

（1）现场涉险人员的先期自救和互救措施。

① 坍塌事故发生后，仔细观察周围环境，利用坍塌后的空隙、逃生通道等空间逃离危险区域。

② 当被困人员无法逃离危险区域时保持镇静，不要乱动，以便将身体的消耗降到最低，等待救援。

③ 如果在坍塌中受伤出血，首先应用毛巾、衣服紧紧扎住伤口距离心脏较近的位置，减少出血。但应注意每隔 1 h 要放开几分钟，避免肢端缺血死坏。骨折伤者应先止血，保持姿势不动。

（2）应急救援措施，见表 4-1、表 4-2。

表 4-1 隧道坍塌快速开挖法应急处置措施

		（一）快速开挖法应急处置措施	
序号	任务	主要工作内容	责任分工
1	现场确认	（1）通过询问目击者了解被困人员信息。 （2）综合坍塌起点、坍塌方向、支护成环情况、支护参数、地质情况等因素分析了解坍塌基本情况	抢险救援组 技术支持组
2	打通生命通道	（1）人工从坍塌面处向洞内开挖救援通道。 （2）向被困人员输送水和食品，建立通信系统，为了解被困人员数量、健康状况提供生命保障。 （3）推算塌体长度	抢险救援组
3	制定方案	（1）根据坍塌的基本信息、坍塌规模、隧道未贯通段长度、地形地貌、坍体的物理力学性质等综合分析，制定救援方案。 （2）当隧道坍塌在洞口且埋深不大或者洞内坍体量较小时，采用快速开挖法开挖救援通道实施抢救	抢险救援组 技术支持组
4	准备工作	（1）对坍塌后的坍体进行清理加固。 （2）同时沿隧道轴线方向在坍塌段落开挖一条明槽（确保机械操作空间能满足工作要求）至隧道拱顶位置	抢险救援组
5	通道开挖	（1）人员布置：由经验丰富且掌握多项技能的开挖、支护、出渣人员的组成。 （2）人员轮换：开挖、支护、出渣人员可按每小时换一次位、每 4 h 换一次班（六班制）进行轮换	抢险救援组
6	人员施救	（1）救援通道形成后，救援工作由专业救援人员携带担架和安全绳等进入施救。 （2）对受伤人员，应先将其抬上担架运出，再协助其余被困人员脱险	抢险救援组 综合协调组
备注：1. 各项目结合隧道工程施工环境和现场实际情况，合理选用应急处置措施。 　　　2. 相关图例、图示（无）			

表 4-2　隧道坍塌小道坑法应急处置措施

		（二）小导坑法应急处置措施	
序号	任务	主要工作内容	责任分工
1	现场确认	（1）通过询问目击者了解被困人员信息。 （2）综合坍塌起点、坍塌方向、支护成环情况、支护参数、地质情况等因素分析了解坍塌基本情况。 （3）通过观测支护变形情况、设计资料等综合分析判断坍塌是否稳定、救援环境是否安全	抢险救援组 技术支持组
2	打通生命通道	（1）利用超前水平地质钻机（超前地质预报用）钻入塌方体，打通生命通道。 （2）向被困人员输送水和食品，建立通信系统，为了解被困人员数量、健康状况提供生命保障。 （3）推算塌体长度	抢险救援组 后勤保障组
3	制定方案	（1）选择小导坑方案时，导坑沿隧道轮廓线而行，且选择在初期支护保留较好的一边。导坑底板标高应根据导坑长度、初期支护破坏程度、地质条件等具体因素而确定。 （2）坍塌段落初期支护保留比较完整时，采用三角形导坑（采用高 1.8 m×底宽 1.5 m 的等腰三角形）。 （3）坍塌段落初期支护破坏严重时采用梯形导坑（高 1.6 m、顶宽 1.0 m、底宽 1.2 m）。 （4）当从其他位置基岩上开导坑时，土质导坑尺寸采用高 1.6 m、顶宽 1.0 m、底宽 1.2 m 的梯形，石质导坑采用高 2.5 m、顶宽 2.0 m、底宽 2.4 m 的梯形，确保能用小型设备出渣。 （5）导坑选择从隧道另一端或从侧面开洞时，选择正梯形。 （6）导坑支护方式采取箱架支护，箱架采用密排（架木料采用 15 cm×15 cm 的方木）	抢险救援组 技术支持组

序号	任务	主要工作内容	责任分工
4	洞内加固	（1）确认无次生灾害威胁后，立即组织开展喷混凝土封闭和砂袋反压坍体正面。 （2）初支结构受坍塌扰动范围回填砂袋至起拱线、搭设钢支撑等。 （3）检查修复现场风、水、电管线	抢险救援组
5	导坑定位	（1）导坑开口段用测量仪器对方向进行控制。 （2）不能用测量仪器测设时采用红外线笔将中线逐步引渡，高程控制采用透明水管逐渐引渡前移	抢险救援组 后勤保障组
6	导坑开挖	（1）救援队员：队员应具有丰富施工经验、强壮的体魄和极高的责任心。 （2）指挥体系：导坑内和导坑洞口各设置一名经验丰富的隧道工程师，采用有线电话和对讲机使导坑掌子面和洞口保证通信畅通，确保有力地组织指挥。 （3）人员布置：由经验丰富且掌握多项技能的开挖、支护、出渣人员的组成。 （4）人员轮换：开挖、支护、出渣人员可按每小时换一次位、每4 h换一次班（六班制）进行轮换	抢险救援组 后勤保障组
7	过程监控	采用洞内安设摄像头的方式实时监控开挖状况，便于洞口根据进展情况准备材料、协调指挥	抢险救援组 后勤保障组
8	人员施救	（1）救援通道形成后，救援工作由专业救援人员携带担架和安全绳等进入施救。 （2）对受伤人员，应先将其抬上担架运出，再协助其余被困人员脱险	抢险救援组 综合协调组

备注：1. 各项目结合隧道工程施工环境和现场实际情况，合理选用应急处置措施。

2. 相关图例、图示。

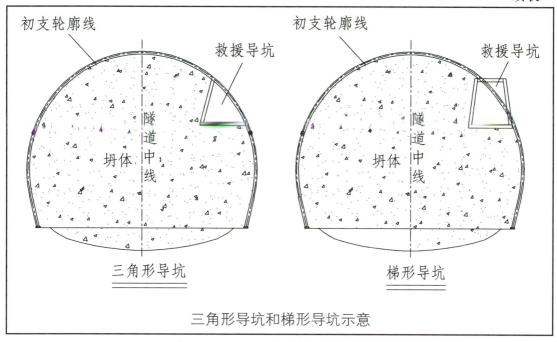

三角形导坑和梯形导坑示意

说明：以上两种隧道坍塌的应急处置措施是项目层面易于操作的，项目部结合承建隧道工程的实际情况，选取其中 1~2 种处置方法开展应急演练工作，确保现场处置方案具备可操作性和实用性。

当隧道坍塌事故发生后，若项目部采用以上两种应急措施不能有效开展应急救援，项目部应请求子公司或公司启动更高级别应急预案，确保应急救援的及时、有效、安全和直接经济损失最小化。

4.2.2.2 突泥涌水事故现场应急处置措施

（1）现场涉险人员的先期自救和互救措施。

① 发出险情信号，并按逃生路线有序撤离，遇险人员应利用预设的爬梯、台架、逃生绳等脱险，逐步转移到安全地点。

② 当被困人员不能及时脱险时，应及时发出求救信号，报告有关情况便于营救人员尽快得知自己的位置，便于施救。

③ 被困人员应保持镇静，不要乱动，以便将身体的消耗降到最低，等待救援。

（2）应急救援措施，见表 4-3。

表 4-3　隧道突泥涌水应急处置措施

序 号	任 务	主要工作内容	责任分工
1	装备配备	（1）洞内设置大功率抽水站，其与掌子面的距离应能保证水流不能没顶，并预留 2 m 的安全高度。 （2）抽水站排水能力按设计最大突涌水量的 1.2 倍配置，水泵及管路应有富余备用，电源供电采用双回路。 （3）洞口配置大功率备用排水设备。备用抽水机应配机架和减震装置等，形成移动式抽水站，并定期检查维护，保证能随时投入使用	抢险救援组 后勤保障组
2	救援（抽排水）作业	根据突涌水情况，采用以下方法组织对洞内遇险人员的救援： （1）突涌水量很快减小时，可运用工程机械如装载机等进入洞内施救。 （2）水量较大时，可待水情基本稳定后，组织救援人员乘橡皮艇进入洞内施救。 （3）当发生小规模突泥或突水伴随大量砂石、淤泥沉积时，应采用搭设脚手架、铺垫木板或竹胶板等方法迅速开辟救援通道，进入洞内搜救。 （4）救援人员应佩戴呼吸器等遇水作业专业器材	抢险救援组 后勤保障组
3	人员施救	将人员运出，及时进行救治	抢险救援组 综合协调组

4.2.2.3　瓦斯爆炸事故现场应急处置措施

（1）现场涉险人员的先期自救和互救措施。

洞内人员立即俯卧倒地闭住气暂停呼吸，用湿物快速捂住口鼻，迅速使用自救器，在统一指挥下，沿着避灾路线迅速撤离现场，防止二次伤害。

（2）应急救援措施，见表 4-4。

表 4-4　隧道瓦斯爆炸应急处置措施

序号	任务	主要工作内容	责任分工
1	救援准备	（1）隧道一旦发生瓦斯爆炸，通风会补充灾后洞内氧气，构成二次爆炸的条件，极可能引发后续瓦斯爆炸，故发生瓦斯爆炸后不能盲目进行通风，也不能盲目进入救援。 （2）隧道发生瓦斯灾害事故，救援环境恶劣复杂，次生灾害极易发生，一般的救援队无法承担瓦斯灾害救援任务，必须由专业的矿山救护队完成	应急小组（现场应急指挥部）
2	救援作业	瓦斯爆炸后，施工单位应立即在现场设立安全岗哨，禁止人员进入危险区域，并启动应急预案，配合矿山救援队进行救援	抢险救援组综合协调组

注意事项：瓦斯隧道施工前，施工单位必须和就近的矿山救护队建立联系，签订救援协议，进行联合救援演习及矿山救护相关知识的培训，建立协同救援体系，明确协同救援各方任务。

4.2.2.4　隧道火灾事故现场应急处置措施

（1）现场涉险人员的先期自救和互救措施。

洞内人员应用湿物捂住口鼻迅速撤离火灾现场。

（2）应急救援措施，见表 4-5。

表 4-5　隧道瓦斯爆炸应急处置措施

序号	任务	主要工作内容	责任分工
1	撤离疏散	（1）发现火情，立即撤离现场人员。 （2）将现场及周边人员疏散至安全区域	抢险救援组
2	清点确认	（1）清点受伤、被困人员情况。 （2）确认燃烧物质、燃烧时间、部位、蔓延方向、火势范围及危害程度	抢险救援组技术支持组
3	救治伤员	（1）对救出人员进行现场急救。 （2）对受伤人员及时转送医院救治	抢险救援组后勤保障组
4	配合救援	（1）清除障碍物，设置警戒，保持救援通道畅通。 （2）对道路进行管制，引导救援车辆和人员进入现场搜救	抢险救援组安全保卫组

5 注意事项

（1）当预设的逃生管道失效或隧道内未预设逃生管道时，立即利用超前水平地质钻机钻设 90～120 mm 氧气和食物的输送管道。

（2）若要扩大应急救援，应做好救援前期准备工作，包括施工便道、救援工作面、动力电源、高压水、作业平台、混凝土、砂袋、钢支撑等相关设备设施。

6 附 件

附件1：预案编制依据

　1.《中华人民共和国安全生产法》

　2.《中华人民共和国突发事件应对法》

　3.《中华人民共和国特种设备安全法》

　4.《生产安全事故应急预案管理办法》

　5.《国家安全生产事故灾难应急预案》

　6.《建设工程重大质量安全事故应急预案》

　7.《生产经营单位生产安全事故应急预案编制导则》

　8.《建设工程安全生产管理条例》

　9.《生产安全事故报告和调查处理条例》

　10.《生产过程危险和有害因素分类与代码》

　11.《企业职工伤亡事故分类》

　12.《重大危险源辨识》

　13.《风险管理 风险评估技术》

　14.《铁路隧道工程风险管理技术规范》

　15.《铁路隧道安全技术规程》

　16.《铁路隧道施工抢险救援指南》

　17.《中铁二局职业安全健康监督管理规定》

　18.《中铁二局职业安全质量事故内部报告、应急处置和调查处理办法》

19.《中铁二局生产安全事故应急预案》

20.《中铁二局二公司生产安全事故应急预案》

附件 2：应急预案衔接

1.《四川省生产安全事故灾难应急预案》

2.《松潘县生产安全事故应急预案》

3.《德阳市综合应急救援支队天池矿山救援大队应急预案》

4.《国家矿山应急救援芙蓉队应急预案》

5.《中国中铁股份有限公司安全质量及灾害事故（事件）应急预案》

6.《中铁二局生产安全事故应急预案》

7.《中铁二局二公司生产安全事故应急预案》

附件 3：项目概况

中铁二局二公司承建的成兰铁路云屯堡段站前工程 CLZQ-12-01 标段，位于四川省阿坝藏族羌族自治州松潘县大胜乡境内。目前项目已成立应急救援小组，用于抢险的机械设备和物资分别停存放于各隧道主洞与斜井口处。

云屯堡隧道全长 22923 m，隧道洞身以 Ⅲ、Ⅳ、Ⅴ 级围岩为主，标段隧道围岩为三叠系(T)砂岩、板岩、灰岩、千枚岩互层或夹层及千枚岩、炭质千枚岩。洞身穿过 5 条背斜及向斜，受构造影响严重，岩层严重挤压扭曲，围岩破碎，地应力较高，最大水平主应力为 15 MPa，隧道最大埋深约 780 m，兼有如溶蚀、剥蚀类型，施工中可能遇岩溶、岩爆、突水、突泥、大型暗河和瓦斯等风险，隧道平常涌水量为 27 600 m^3/d，雨季最大涌水量为 41 400 m^3/d，为本标段的高风险管控隧道。

项目部距国家矿山应急救援芙蓉队 600 km，专业救援人员 9 h 内可到达事故现场；项目部距德阳市综合应急救援支队天池矿山救援大队 270 km，专业救援人员 6 h 内可到达事故现场；项目部与松潘县人民医院建立了医疗绿色通道，相距 17 km，专业救护人员 20 min 可到达事故现场；项目部距松潘消防大队 20 km，专业消防人员 20 min 内可到达事故现场。

附件 4：事故风险评估报告

1　总则
　　1.1　隧道施工生产安全危险有害因素辨识情况
　　1.2　现有事故风险防控措施
2　事故发生可能性及其后果分析
　　2.1　事故情景分析
　　2.2　事故发生可能性分析
　　2.3　事故危害后果严重程度分析
3　事故风险等级确定
4　现场控制措施方面存在的问题
5　制定完善生产安全事故风险防控和应急措施
　　5.1　风险管控
　　5.2　应急措施
6　评估结论
　　6.1　事故风险评估结果汇总
　　6.2　事故风险评估结论

附件 5：应急资源调查报告

附件 6：有关应急部门、机构或人员的联系方式

序 号	部门（职务）	联系人	联系方式
子公司联系部门			
1	子（分）公司应急领导小组办公室	×××	×××
2	子（分）公司调度管理	×××	×××
项目部联系人员			
3	项目经理	×××	×××
4	项目书记	×××	×××
5	项目生产副经理	×××	×××
6	项目总工程师	×××	×××
7	项目安全总监	×××	×××
8	项目总经济师	×××	×××
9	项目工程部部长	×××	×××
10	项目安环部部长	×××	×××
11	项目质量部部长	×××	×××
12	项目物机部部长	×××	×××
13	项目综合办公室	×××	×××
14	项目财务部部长	×××	×××
15	项目工经部部长	×××	×××
外部救援单位			
16	医院急救电话	×××	×××
17	消防队火警电话	×××	×××
18	就近专业救援队	×××	×××

附件 7: 应急物资装备的名录或清单

附件 7-1　隧道坍塌小导坑法救援人员配置表

序 号	工 种	单 位	数 量	备 注
1	隧道、地质工程师	人	5	
2	测量工程师	人	2	
3	测量工	人	4	
4	机械工程师	人	2	
5	钻机司机	人	4	
6	机械技师	人	4	
7	普 工	人	200	出渣 160 人，钻机 24 人，搬运 16 人
8	电 工	人	4	
9	隧道领工员	人	6	六班制
10	隧道技师	人	24	六班制
11	木 工	人	12	六班制
12	电焊工	人	12	六班制
13	氧焊、气割	人	24	六班制

附件 7-2 隧道坍塌小导坑法应急处置可调用应急物资及机具台账

序号	类 别	物资名称	数量	配置要求	存放地点	管理责任人和联系电话
1	医疗救助	担架	2 副		隧道口应急物资库	
2		医药箱	2 个			
3	车辆类	急救保障车	2 辆		项目部	
4	防护类	安全帽	50 顶		隧道口应急物资库	
5		防护眼镜	50 副			
6	侦检类	超前水平地质钻机	1 台	钻孔深度≥150 m	隧道口	
7		无线对讲机	5 对			
8		有线电话	2 台			
9		音频对讲监控系统	1 套	备用摄像头 2 个		
10		全站仪	1 台			×××
11		水准仪	1 台			
12		地质罗盘	1 台			
13		红外笔	1 支			
14	警戒类	路 障	5 个			
15		隔离警示带	10 卷			
16		危险警示牌	10 个			
17		警戒标识杆	10 个			
18	抢险、救生物资类	钻机钢套管	100 m	ϕ100 专用地质套管	隧道口应急物资库	
19		无缝钢管	200 m	加固使用		
20		原 木	40 根	ϕ100 长 4 m		
21		方 木	10 m³	15 cm×15 cm		
22		木 板	2 m³	5 cm×10 cm		
23			2 m³	5×15 cm		
24			2 m³	5×20 cm		

序号	类　别	物资名称	数　量	配置要求	存放地点	管理责任人和联系电话
25		木　楔	800 个			
26		马　钉	500 kg			
27		铁　钉	30 盒			
28		工作灯	10 盏			
29		白炽灯泡	10 盒			
30		多用插座	10 个			
31		台　锯	1 台			
32		手持电锯	3 台			
33		电焊机	3 台			
34		气　割	2 套			
35		挖掘机	1 台			
36		装载机	1 台			
37	抢险、救生设备类	自卸汽车	1 台		隧道口应急物资库、隧道口	
38		透明水管	100 m			
39		风　镐	5 台			
40		风　钻	2 台			
41		电　钻	5 台			
42		桃形锄	10 把			
43		十字镐	10 把			
44		军用铁锹	10 把			
45		渣　筐	50 个			
46	照明类	防水手电筒	20 个		隧道口应急物资库	

附件 7-3 隧道突泥涌水可调用应急物资及机具台账

序号	类别	物资名称	数量	配置要求	存放地点	管理责任人和联系电话
1	医疗救助	担架	2 副		隧道口应急物资库	×××
2		医药箱	2 个			
3	车辆类	急救保障车	2 辆		项目部	
4	防护类	安全帽	50 顶		隧道口应急物资库	
5		防护眼镜	50 副			
6	侦检类	掌子面摄像监控仪	×套	每个掌子面安装 1 套	隧道口值班室	
7		探测传感器	×个	根据可能的突泥突水情况确定		
8		中央处理计算机（数据采集器）	2 台			
9		人工和水位感应声、光报警装置	×套	配置于洞内各作业面，联动报警并联接洞外指挥中心		
10	警戒类	路障	5 个			
11		隔离警示带	10 卷			
12		危险警示牌	10 个			
13		警戒标识杆	10 个			
14	抢险、救生物资类	钢筋爬梯	×个	根据设计要求设置	隧道口应急物资库	
15		逃生绳（长度不小于 20 m）	×根	距掌子面 500 m 以内，每侧安装数根		
16		救生圈	×个	距掌子面 500 m 以内，每个爬梯至少安装 4 个		
17		氧气袋	×个	设置于靠近掌子面的爬梯上		

序号	类别	物资名称	数量	配置要求	存放地点	管理责任人和联系电话
18		橡皮艇	×个	根据隧道长度、洞内作业人员数量以及可能突泥突水量等因素确定		
19		木板或竹胶板	200 m²			
20		碗扣式脚手架	20 t			
21	抢险、救生设备类	抽水站及排水管	×套	按设计最大突涌水量的1.2倍能力配置，间距满足要求	隧道口应急物资库	
22		备用移动式抽水站及排水管	×套	按洞内排水能力配置		
23	照明类	防水手电筒	20个		隧道口应急物资库	

附件7-4 隧道瓦斯爆炸可调用应急物资及机具台账

序号	类别	物资名称	数量	配置要求	存放地点	管理责任人和联系电话
1	医疗救助	担架	2副		隧道口应急物资库	×××
2		医药箱	2个			
3	车辆类	急救保障车	2辆		项目部	
4	防护类	安全帽	50顶		隧道口应急物资库	
5		防护眼镜	50副			
6		防毒面具	50副			
7		4 h呼吸器	2台			
8		2 h呼吸器	2台			
9		自动苏生器	2台			
10		自救器	30台	压缩氧		
11	消防类	干粉灭火器	20个	8 kg	隧道口应急物资库	
12		水枪	4支	开花、直流		
13		水龙带	400 m	直径63.5 mm和50.8 mm（2.5 in和2 in）		
14	侦检类	氧气呼吸器校验仪	1台		隧道口值班室	
15		氧气检定器	2台			
16		瓦斯检定器	4台	10%、100%		
17		一氧化碳检定器	2台			
18		风表	2台	中、低速		
19		温度计	2支	0~100 ℃		
20		干湿温度计	2支			

序号	类别	物资名称	数量	配置要求	存放地点	管理责任人和联系电话
21	警戒类	路障	5个		隧道口应急物资库	
22		隔离警示带	10卷			
23		危险警示牌	10个			
24		警戒标识杆	10个			
25	抢险、救生物资类	安全救生绳	50根		隧道口应急物资库	
26		液压剪刀	1把			
27		防爆工具	1套			
28		大绳	2根	直径30 mm、长30 m		
29		保温毯	3条	棉织		
30		绝缘手套	3副			
31		瓦工工具	1套			
32	照明类	防爆手电筒	20个		隧道口应急物资库	

附件 7-5　隧道火灾可调用应急物资及机具台账

序号	类 别	物资名称	数 量	配置要求	存放地点	管理责任人和联系电话
1	医疗救助	担架	2 副		隧道口应急物资库	
2		医药箱	2 个			
3	车辆类	急救保障车	2 辆		项目部	
4	防护类	自救呼吸器	×个	按开挖、支护作业最大单班人员数量配置	隧道口应急物资库	
5		防毒面具	10 个			
6	消防类	手提式干粉灭火器	2 台	开挖支护、衬砌作业面最少各 2 台	隧道口应急物资库	×××
7		推车式干粉灭火器	2 台	开挖支护、衬砌作业面最少各 2 台		
8		消防水龙头	个	每 50 m 安装 1 个		
9		消防水管、水枪	2 套	防水板作业面配 2 套，其余地段配 2 套		
10	侦检类	氧气呼吸器校验仪	1 台		隧道口值班室	
11		氧气检定器	2 台			
12		一氧化碳检定器	2 台			
13		风 表	2 台	中、低速		
14		温度计	2 支	0～100 ℃		
15		干湿温度计	2 支			

序号	类别	物资名称	数量	配置要求	存放地点	管理责任人和联系电话
16	警戒类	路障	5 个		隧道口应急物资库	
17		隔离警示带	10 卷			
18		危险警示牌	10 个			
19		警戒标识杆	10 个			
20	抢险、救生物资类	安全救生绳	50 根		隧道口应急物资库	
21		液压剪刀	1 把			
23		大绳	2 根	直径 30 mm、长 30 m		
24	照明类	手电筒	20 个		隧道口应急物资库	

附件 8: 事故报告手机短信格式

中铁二局: 201×年×月×日×时×分左右, 在××(省市县)境内, 由中铁×局××公司承建的×××工程×标, 在×××工序施工过程中, 因×××原因, 导致现场作业人员×人死亡(失踪)、×人重伤、×人轻伤。事故已经于事发××小时(分钟)内, 报告当地安全生产监管部门。现场应急预案已启动, 事故单位×××领导已带队赶往现场; 当地安监部门接报后, 已于×月×日×时由任××职务××同志赶往现场, 事故原因正在调查之中。

附件 9: 中铁二局生产安全事故快报

单位名称: 中铁二局×××公司(区域公司、经理部)

事故时间	年　月　日　时　分		事故地点		
事故单位	××公司××××项目经理部(标段)				
事故现场负责人	姓　名		事故单位负责人	姓　名	
	电　话			电　话	
事故已死亡(失踪)人数	死亡:　失踪:		事故重伤/轻伤人　数		
一、事故简要经过(包含但不限于承建单位、标段、协作队伍及相关安全生产许可证等资质号, 单位工程名称、事故里程、结构形式、支撑体系、隧道断面、设备型号、墩身截面和高度、梁型和梁重、事发作业环节、高处坠落位置与高度等, 其他工况均应细致清晰描述)、人员伤亡类别(职工、劳务工姓名及身份证号码)、初步估计的直接经济损失、报告地方政府和建设单位时间等 二、事故现场救援采取的主要措施 三、其他情况(事发项目工程概况, 事故地点是否影响铁路营业线或繁华闹市区、高速公路、国道、其他重要设施安全)					

附: 事故现场照片(4张以上, 能充分反映事故现场实际情况和全貌的电子版照片及说明)

附件 10：应急救援协议范本

甲方：中铁二局××项目经理部

乙方：××矿山救护队

为切实做好隧道的事故预防和应急救援处理工作，结合双方的实际情况，就乙方为甲方所属隧道救援服务内容，经双方协商，约定如下：

一、服务内容

1. 及时应召处理隧道的灾害事故（即瓦斯爆炸、突泥涌水、坍塌与火灾等）

2. ……

二、履约方式和服务期限

1. 履约方式

2. 服务期限

三、服务费用和支付方式

1. 服务费用

2. 支付方式

四、双方权利与义务

1. 甲方的权利与义务

2. 乙方的权利与义务

五、违约责任

在履行本协议期间，双方如有特殊原因影响本协议项目工作，应提前通知对方，并说明原因。甲方或者乙方存在工作质量缺陷，应各自承担相关责任。

六、争议的解决办法

当事双方先协商解决；协商不成，由××仲裁委员会仲裁或向法院提起诉讼。

七、双方协商的其他条款

1. 乙方在技术服务和处理事故过程中队员发生意外情况，按有关国家、省市有关规定处理，届时双方依据公平原则协商解决。

2. ……

甲方联系方式：应急小组值班室 24 h 值班电话：××

乙方联系方式：救护大队电话：××

本协议未尽事宜由双方协商补充。

如需变更、解除或续订协议，由双方协商确定。

本协议，从双方签字盖章之日起生效。

本协议一式三份，呈报××地方安监局备案一份，甲乙方各执一份。

甲方法人（签字盖章）：　　　　　　　　　　乙方法人（签字盖章）：

　××年××月××日　　　　　　　　　　　　××年××月××日

附件 11：应急救援平面图

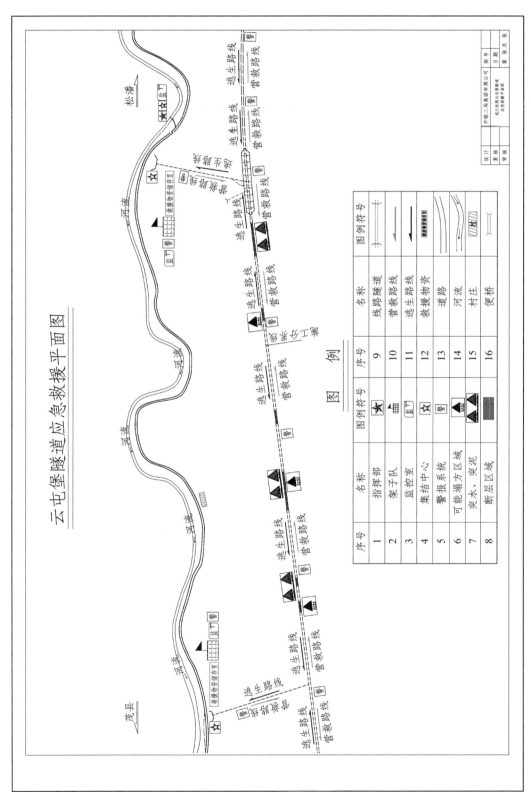

云屯堡隧道应急救援平面图

图 例

序号	图例符号	名称	序号	图例符号	名称
1	★	指挥部	9		线路隧道
2		架子队	10		营救路线
3	监控室	监控室	11		逃生路线
4	☆	集结中心	12		救援物资
5	警	警报系统	13		道路
6	▲	可能塌方区域	14		河流
7	▲	突水、突泥	15		村庄
8		断层区区域	16		便桥

YJ

中铁二局成兰铁路项目

YJ/ZTEJ-CLTL-2019

云屯堡隧道工程

生产安全事故现场应急处置卡

2019 年 3 月

中铁二局成兰铁路项目部

1 应急处置卡

1.1 应急小组组长应急处置卡

组长	项目经理（项目书记）	
序号	处置程序	处置要点
1	启动预案	启动应急预案，查看事故现场调配应急资源等
2	事故报告	按照应急响应分级和程序，及时向当地政府部门和上级报告事故情况
3	现场处置伤员救护	采取有效措施防止事态扩大；第一时间进行现场急救，及时转送医院救治
4	确定方案开展救援或配合救援	确定救援方案后，组织应急队伍迅速到达事故现场，指挥现场应急人员开展应急救援或响应至上一级
5	救援终止	进行风险评估安全后应急救援停止
6	配合事故调查及处理	配合事故调查，做好善后处置工作
注意事项： （1）信息的收集与传达，要求及时准确。 （2）每日碰头会落实各项指令和安排次日工作。		
主要联系人员		
序号	姓　名	职　　务	联系电话	备　　注

序号	姓　名	职　　务	联系电话	备　　注
1		项目书记（经理）		
2		项目总工程师		
3		项目安全总监		
4		项目副经理		
5		作业队长		
6		办公室主任		
7		物设部部长		

1.2 综合协调组应急处置卡

组　长	项目书记			
序　号	处置程序	行动内容		
1	信息传递	负责按应急小组要求内容上报		
2	场地安保、伤员救护	现场做好保卫、警戒工作；第一时间进行现场急救，及时转送医院救治		
3	对外接待及处置	做好媒体接待、采访和引导工作，配合上级单位发布相关信息		
4	家属接待及善后	做好家属的接待、稳定工作，做好保险理赔工作		

注意事项：

（1）信息传递准确、及时可靠。

（2）伤员救治及安抚周到、及时。

（3）现场组织人员撤离后，不得盲目抢救被困人员。

主要联系人员				
序　号	姓　名	职　务	联系电话	备　注
1		项目经理		
2		项目副经理		
3		项目总工程师		
4		工委主任		
5		办公室主任		
6		物设部部长		
7		施工管理人员		

组　员	相关成员	
序　号	处置程序	行动内容
组员1		×××
1	组织撤离	发现险情后，第一时间有效组织人员撤离至安全地带
2	险情报告	及时电话上报险情至项目安全生产管理负责人或项目经理

组员2		×××		
1	收集信息	定时收集信息		
2	传递信息	负责收集并发布救援信息		
3	关注信息	做好舆情关注、媒体应对，并配合上级发布信息		
组员3		×××		
1	对外接待	做好家属、外部单位的接待工作		
2	配合善后处理	配合做好保险理赔工作		

注意事项：

（1）信息传递准确、及时可靠。

（2）伤员救治及安抚周到、及时。

（3）现场组织人员撤离后，不得盲目抢救被困人员。

主要联系人员				
序　号	姓　名	职　务	联系电话	备　注
1		项目经理		
2		项目书记		
3		项目副经理		
4		项目总工程师		
5		工委主任		
6		办公室主任		
7		物设部部长		
8		施工管理人员		

1.3 抢险救援组应急处置卡

组　长	项目副经理	
序　号	处置程序	行动内容
1	场地清理及防护	保证现场应急救援通道的畅通，采取措施防止次生灾害
2	熟知方案及准备	按照方案组织救援，科学合理地提出应急物资、设备、人力配备建议
3	组织实施及调整	抢救现场伤员、设备及物资
4	救援结束及配合	进行风险评估安全后应急救援结束或配合上级、外部救援

注意事项：

（1）救援人员、物资与设备组织落实到位。

（2）按指令落实救援现场配套工作及安全监护。

（3）及时报告救援进展情况及问题。

（4）机械操作必须听从指挥，防止机伤被困人员。

主要联系人员				
序　号	姓　名	职　务	联系电话	备　注
1		项目经理		
2		项目书记		
3		项目总工程师		
4		项目安全总监		
5		工程部部长		
6		作业队长		
7		施工员		
8		办公室主任		
9		物设部部长		
10		现场指挥人员		
11		作业队队长		
12		机械操作人员		

组 员	相关成员	
序 号	处置程序	行动内容
组员1	×××	
1	场地警戒及防护	场地做好警戒工作；现场动态监控防止次生灾害，组织人员及时撤离
2	组织实施及救援	组织物资、设备和人力到位，接到上级命令后指挥抢救现场伤员、设备及物资
组员2	×××	
1	救援准备	物资、设备和人力到位后，现场合理运用和调配
2	实施及救援	接到现场指挥人员命令后，立即开展现场伤员、设备及物资救援工作
组员3	×××	
1	接受培训	接受应急救援处置方案的交底培训
2	实施救援	接到现场指挥人员命令后开展救援工作

注意事项：

（1）救援人员、物资与设备组织落实到位。

（2）按指令落实救援现场配套工作及安全监护。

（3）及时报告救援进展情况及问题。

（4）机械操作必须听从指挥，防止机伤被困人员。

主要联系人员				
序 号	姓 名	职 务	联系电话	备 注
1		项目经理		
2		项目书记		
3		项目副经理		
4		项目总工程师		
5		项目安全总监		
6		工程部部长		
7		作业队长		

8		施工员		
9		办公室主任		
10		物设部部长		
11		现场指挥人员		
12		作业队队长		
13		机械操作人员		

1.4 技术方案组应急处置卡

组　　长	项目总工程师	
序　　号	处置程序	行动内容
1	现场协调、评估及制定方案	辨识应急救援过程中的危险、有害因素，并进行安全风险评估，确定灾害现场监控量测方式，组织开展现场监控量测
2	指导救援实施及安全监控	根据事故现场的特点，制定相应的应急救援技术措施和应急救援步骤；动态关注现场情况并制定措施，防止发生二次伤害事故
3	配合调查	协助开展对现场有关人员的约谈，并配合调查事故发生的原因

注意事项：

（1）救援方案制定及时可行。

（2）救援指导到位，调整及时。

（3）落实防控措施及监控到位。

（4）数据处理和及时上报。

主要联系人员				
序　号	姓　　名	职　　务	联系电话	备　注
1		项目经理		
2		项目书记		
3		项目副经理		
4		项目安全总监		
5		工程部部长		
6		安环部部长		
7		施工员		
8		作业队长		
9		技术指导人员		
10		监测人员		

组　员	相关成员	
序　号	处置程序	行动内容
组员1	×××	
1	现场技术监控	确开展现场监控量测，协助功能组进行安全风险评估
2	数据处置与判断	数据预警或超限值，及时上报现场指挥人员
组员2	×××	
1	组织撤离	发现数据预警或超限值后，第一时间有效组织人员撤离至安全地带
2	险情报告	及时电话上报险情至作业队队长、项目安全生产管理负责人或项目经理
3	动态监控	现场数据持续预警或超限值及时上报

注意事项：

（1）救援方案制定及时可行。

（2）救援指导到位，调整及时。

（3）落实防控措施及监控到位。

（4）数据处理和及时上报。

主要联系人员				
序　号	姓　名	职　务	联系电话	备　注
1		项目经理		
2		项目书记		
3		项目副经理		
4		项目总工程师		
5		项目安全总监		
6		工程部部长		
7		安环部部长		
8		施工员		
9		作业队长		
10		技术指导人员		
11		监测人员		

1.5 后勤保障组应急处置卡

组　长		项目书记		
序　号	处置程序	行动内容		
1	救援物资 工器具准备	调配抢险救援急需的物资、设备；负责现场救援及事故调查工作人员生活保障、食宿安排等后勤服务；提供必要的办公用品、交通工具、通信工具、器材等		
2	现场交通维护	协助属地政府有关部门进行交通疏解		
3	调配物资及设备	调配抢险救援急需的物资、设备		

注意事项：

（1）按指令落实救援物资设备。

（2）确保设备完好使用正常。

主要联系人员				
序号	姓　名	职　务	联系电话	备注
1		项目经理		
2		项目副经理		
3		项目安全总监		
4		安环部部长		
5		办公室主任		
6		物设部部长		

1.6 安全保卫组应急处置卡

组　长		项目安全总监		
序　号	处置程序		行动内容	
1	现场秩序维护		做好现场保卫、警戒工作	
2	关注现场动态变化		动态关注现场情况，防止发生二次伤害事故	
3	参与指导救援		依据拟定技术措施和救援步骤，指导救援	

注意事项：

（1）关注现场安全动态变化情况，防止二次伤害。

（2）现场组织人员撤离后，不得盲目抢救被困人员。

（3）出现异常情况或险情扩大及时上报。

主要联系人员				
序　号	姓　名	职　务	联系电话	备　注
1		项目经理		
2		项目书记		
3		项目副经理		
4		安环部部长		
5		办公室主任		
6		物设部部长		
7		安全监护人员		
8		安全员		
9		作业班组负责人		

组　员		相关成员	
序　号	处置程序		行动内容
组员1		×××	
1	动态监控		现场动态监控异常情况和险情变化
2	异常情况处置与判断		出现异常情况或险情扩大，及时上报现场指挥人员
组员2		×××	

1	组织撤离	发现险情后，第一时间有效组织人员撤离至安全地带
2	险情报告	及时电话上报险情至项目安全生产管理负责人或项目经理
3	动态监控	现场动态监控异常情况和险情变化；出现异常情况或险情扩大时及时上报
组员3		××××
1	组织撤离	发现险情后，第一时间有效组织人员撤离至安全地带
2	稳定现场	控制好现场秩序，做好现场安保工作

注意事项：

（1）关注现场安全动态变化情况，防止二次伤害。

（2）现场组织人员撤离后，不得盲目抢救被困人员。

（3）出现异常情况或险情扩大及时上报。

主要联系人员

序 号	姓 名	职 务	联系电话	备 注
1		项目经理		
2		项目书记		
3		项目副经理		
4		项目安全总监		
5		安环部部长		
6		办公室主任		
7		物设部部长		
8		安全监护人员		
9		安全员		
10		作业班组负责人		

2 应急处置方案卡控要点

2.1 隧道坍塌

序号	处置步骤		工作岗位或功能组
	快速开挖法	小导坑法	
1	（1）监测、施工人员发现疑似隧道坍塌事故征兆时，立即发出险情信号，并撤离危险区域。 （2）如果发现人员被困，立即与救援人员取得联系，报告有关情况。 （3）被困人员应寻找安全位置（逃生管道、三角区域内）隐蔽		现场管理人员作业人员
2	（1）了解被困人员信息（数量、姓名）。 （2）综合坍塌起点、坍塌方向、支护成环情况、支护参数、地质情况等因素分析了解坍塌基本情况。 （3）根据坍塌的基本信息、坍塌规模、隧道未贯通段长度、地形地貌、坍体的物理力学性质等综合分析，制定救援方案		技术方案组抢险救援组
3	隧道坍塌在洞口且埋深不大或洞内坍体量较小： （1）对坍塌后的仰坡、边坡进行清理加固。 （2）同时沿隧道轴线方向在坍塌段落开挖一条明槽至隧道拱顶位置。 （3）人工从坍塌面处向洞内开挖救援通道	初期支护保留较好： （1）根据情况选择三角形、梯形导坑，并及时进行支护。 （2）开挖过程使用测量仪器或红外线逐步引渡，高程控制。 （3）超前水平地质钻机钻入塌方体，打通生命通道	技术方案组抢险救援组
4	打通生命通道后，开展救援		抢险救援组
5	在整个救援过程中，对人员、机械等进行协调		后勤保障组

序号	处置步骤		工作岗位或功能组
	快速开挖法	小导坑法	
6	在整个救援过程中，检查维护或修复现场、水、电管线，提供饮用水、食物及调度机械设备、物资等，为现场实施救援提供保障		
7	在整个救援过程中，做好警戒防护，严禁无关人员进入事故现场，对影响地方交通的情况做好充分沟通工作		
8	配合外部调查，提供真实记录资料		综合协调组
9	在整个救援过程中，做好保险理赔资料的收集，做好伤亡家属的安抚工作（如有），确保救助资金到位		
10	负责媒体接待、采访和引导工作，根据上级单位授权适时发布相关信息		

2.2 隧道突泥涌水

序　号	处置步骤	工作岗位或功能组
1	（1）发出险情信号，并按逃生路线有序撤离。 （2）遇险人员应利用预设的爬梯、台架、逃生绳等脱险，逐步转移到安全地点	现场作业人员
2	（1）洞内设置大功率抽水站，其与掌子面的距离应能保证水流不能没顶，并预留 2 m 的安全高度。 （2）抽水站排水能力按设计最大突涌水量的 1.2 倍配置，水泵及管路应有富余备用，电源供电采用双回路。 （3）洞口配置大功率备用排水设备，备用抽水机应配机架和减震装置等，形成移动式抽水站，并定期检查维护，保证能随时投入使用	后勤保障组
3	（1）突涌水量很快减小时，可运用工程机械如装载机等进入洞内施救。 （2）水量较大时，可待水情基本稳定后，组织救援人员乘橡皮艇进入洞内施救。 （3）当发生小规模突泥或突水伴随大量砂石、淤泥沉积时，应采用搭设脚手架、铺垫木板或竹胶板等方法迅速开辟救援通道，进入洞内搜救。 （4）救援人员应佩戴呼吸器等遇水作业专业器材	技术方案组 抢险救援组
4	在整个救援过程中，对人员、机械等进行协调	综合协调组
5	在整个救援过程中，检查维护或修复现场、水、电管线，提供饮用水、食物及调度机械设备、物资等，为现场实施救援提供保障	后勤保障组
6	在整个救援过程中，做好警戒防护，严禁无关人员进入事故现场，对影响地方交通的情况做好充分沟通工作	综合协调组

序　号	处置步骤	工作岗位或功能组
7	配合外部调查，提供真实记录资料	
8	在整个救援过程中，做好保险理赔资料的收集；做好伤亡家属的安抚工作（如有），确保救助资金到位	
9	负责媒体接待、采访和引导工作，根据上级单位授权适时发布相关信息	

2.3 隧道瓦斯爆炸

序　号	处置步骤	工作岗位或功能组
1	（1）洞内人员立即俯卧倒地闭住气暂停呼吸，用湿物快速捂住口鼻，迅速使用自救器，在统一指挥下，沿着避灾路线迅速撤离现场，防止二次伤害。 （2）值班人员立即向领导汇报情况,请求救援,同时下令电工迅速切断工作面生产电源	现场作业人员 值班人员
2	（1）隧道一旦发生瓦斯爆炸，通风会补充灾后洞内氧气，构成二次爆炸的条件，极可能引发后续瓦斯爆炸，故发生瓦斯爆炸后不能盲目进行通风，也不能盲目进入救援。 （2）隧道发生瓦斯灾害事故，救援环境恶劣复杂，次生灾害极易发生，一般的救援队无法承担瓦斯灾害救援任务，必须由专业的矿山救护队完成	技术方案组 抢险救援组 综合协调组
3	在整个救援过程中，对人员、机械等进行协调	综合协调组
4	在整个救援过程中，检查维护或修复现场、水、电管线，提供饮用水、食物及调度机械设备、物资等，为现场实施救援提供保障	后勤保障组
5	在整个救援过程中，做好警戒防护，严禁无关人员进入事故现场，对影响地方交通的情况做好充分沟通工作	综合协调组
6	配合外部调查，提供真实记录资料	
7	在整个救援过程中，做好保险理赔资料的收集，做好伤亡家属的安抚工作（如有），确保救助资金到位	
8	负责媒体接待、采访和引导工作，根据上级单位授权适时发布相关信息	

2.4 隧道火灾

序 号	处置步骤	工作岗位或功能组
1	现场确认受伤、被困人员情况，燃烧物质、燃烧时间、部位、蔓延方向、火势范围及危害程度以及设备设施、建(构)筑物损坏程度	现场作业人员 值班人员
2	（1）确定救援方案，下达应急指令。 （2）携带救援器材迅速进入现场，采取正确的救助方式，将所有遇险人员移至安全区域。 （3）对救出人员进行现场急救，及时转送医院救治	技术方案组 后勤保障组
3	协助事发单位进行现场灭火，控制火势： （1）电气设备起火，先切断电源，再采用灭火器和直流水枪灭火，有油的电气设备如变压器起火时，采用干燥的砂土盖住火焰。 （2）防水板等塑胶材料起火，采取高压水冲击的方法灭火。灭火水枪设在上风和侧风方向。进入烟区的扑救人员穿戴防毒面具和防护服。 （3）机械设备燃烧，采用灭火器灭火。 （4）乙炔管路燃烧，采用干燥的砂土盖住火焰，使火熄灭。 （5）灭火期间，应注意观察洞内风流，防止火风压引起风流逆转	抢险救援组 后勤保障组
4	（1）引导消防车、救护车及时进入现场。 （2）消防大队到达现场以后，按照消防大队指令配合灭火	后勤保障组
5	负责媒体接待、采访和引导工作，根据上级单位授权适时发布相关信息	综合协调组